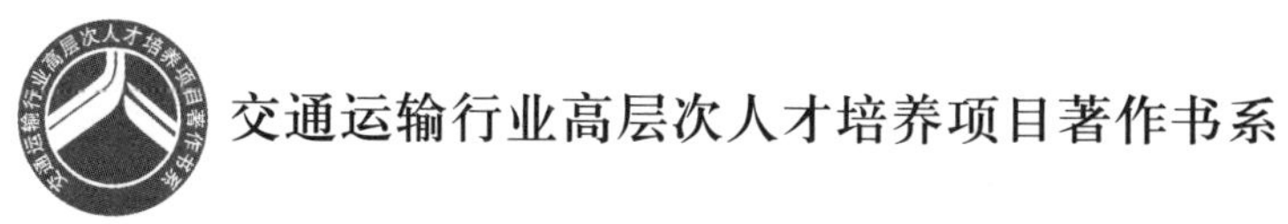

戴　明　邢宏伟　杜　渐　编著

交通运输行业
网络安全态势感知技术研究

人民交通出版社股份有限公司
北　京

内 容 提 要

本书介绍了网络安全态势感知在国内外的发展情况，介绍了网络安全态势感知的定义、国内国际相关技术标准。通过对网络安全态势感知相关理论知识的探讨，介绍了网络安全态势感知的基本工作原理和总体技术发展路径。全书以交通运输行业为背景，论述了交通运输行业网络安全态势感知技术研究发展和应用概况。同时，本书总结并论述分析了目前国内网络安全态势感知在交通运输、公路、民航、铁路及其他行业的建设情况、技术架构和功能实现等，通过翔实的资料和具体内容，本书全面展示了网络安全态势感知技术在我国交通运输和其他领域的应用和研究状况。

本书实用性较强，语言平实、通俗易懂，可作为网络安全、交通运输、计算机科学等专业的辅助教材，也可作为网络安全专业技术和管理人员的参考书。

图书在版编目(CIP)数据

交通运输行业网络安全态势感知技术研究 / 戴明等编著. — 北京 : 人民交通出版社股份有限公司, 2022.7

ISBN 978-7-114-18001-9

Ⅰ.①交… Ⅱ.①戴… Ⅲ.①交通运输网—网络安全—研究 Ⅳ.①U113

中国版本图书馆 CIP 数据核字(2022)第 091239 号

Jiaotong Yunshu Hangye Wangluo Anquan Taishi Ganzhi Jishu Yanjiu

书　　名： 交通运输行业网络安全态势感知技术研究
著 作 者： 戴　明　邢宏伟　杜　渐
责任编辑： 潘艳霞　张江成　王景景　闫吉维
责任校对： 孙国靖　魏佳宁
责任印制： 刘高彤
出版发行： 人民交通出版社股份有限公司
地　　址： (100011)北京市朝阳区安定门外外馆斜街 3 号
网　　址： http://www.ccpcl.com.cn
销售电话： (010)59757973
总 经 销： 人民交通出版社股份有限公司发行部
经　　销： 各地新华书店
印　　刷： 北京交通印务有限公司
开　　本： 787×1092　1/16
印　　张： 9
字　　数： 219 千
版　　次： 2022 年 7 月　第 1 版
印　　次： 2022 年 7 月　第 1 次印刷
书　　号： ISBN 978-7-114-18001-9
定　　价： 65.00 元

交通运输行业高层次人才培养项目著作书系
编审委员会

本书编委会

主　　任：戴　明

副 主 任：邢宏伟　杜　渐

编写人员：钱　哨　刘宇畅　易宇洋
李　飞　刘东红　马红军
刘　艳　周金岭　刘天宇
张　铮　李　珊　廖双晓

书系前言

Preface of Series

进入21世纪以来,党中央、国务院高度重视人才工作,提出人才资源是第一资源的战略思想,先后两次召开全国人才工作会议,围绕人才强国战略实施做出一系列重大决策部署。党的十八大着眼于全面建成小康社会的奋斗目标,提出要进一步深入实践人才强国战略,加快推动我国由人才大国迈向人才强国,将人才工作作为"全面提高党的建设科学化水平"八项任务之一。十八届三中全会强调指出,全面深化改革,需要有力的组织保证和人才支撑。要建立集聚人才体制机制,择天下英才而用之。这些都充分体现了党中央、国务院对人才工作的高度重视,为人才成长发展进一步营造出良好的政策和舆论环境,极大激发了人才干事创业的积极性。

国以才立,业以才兴。面对风云变幻的国际形势,综合国力竞争日趋激烈,我国在全面建成社会主义小康社会的历史进程中机遇和挑战并存,人才作为第一资源的特征和作用日益凸显。只有深入实施人才强国战略,确立国家人才竞争优势,充分发挥人才对国民经济和社会发展的重要支撑作用,才能在国际形势、国内条件深刻变化中赢得主动、赢得优势、赢得未来。

近年来,交通运输行业深入贯彻落实人才强交战略,围绕建设综合交通、智慧交通、绿色交通、平安交通的战略部署和中心任务,加大人才发展体制机制改革与政策创新力度,行业人才工作不断取得新进展,逐步形成了一支专业结构日趋合理、整体素质基本适应的人才队伍,为交通运输事业全面、协调、可持续发展提供了有力的人才保障与智力支持。

"交通青年科技英才"是交通运输行业优秀青年科技人才的代表群体,培养选拔"交通青年科技英才"是交通运输行业实施人才强交战略的"品牌工程"之一,1999年至今已培养选拔282人。他们活跃在科研、生产、教学一线,奋发有为、锐意进取,取得了突出业绩,创造了显著效益,形成了一系列较高水平的科研成果。为加大行业高层次人才培养力度,"十二五"期间,交通运输部设立人才培养专项经费,重点资助包含"交通青年科技英才"在内的高层次人才。

人民交通出版社以服务交通运输行业改革创新、促进交通科技成果推广应用、支持交通行业高端人才发展为目的，配合人才强交战略设立“交通运输行业高层次人才培养项目著作书系”（以下简称“著作书系”）。该书系面向包括“交通青年科技英才”在内的交通运输行业高层次人才，旨在为行业人才培养搭建一个学术交流、成果展示和技术积累的平台，是推动加强交通运输人才队伍建设的重要载体，在推动科技创新、技术交流、加强高层次人才培养力度等方面均将起到积极作用。凡在“交通青年科技英才培养项目”和“交通运输部新世纪十百千人才培养项目”申请中获得资助的出版项目，均可列入“著作书系”。对于虽然未列入培养项目，但同样能代表行业水平的著作，经申请、评审后，也可酌情纳入“著作书系”。

高层次人才是创新驱动的核心要素，创新驱动是推动科学发展的不懈动力。希望“著作书系”能够充分发挥服务行业、服务社会、服务国家的积极作用，助力科技创新步伐，促进行业高层次人才特别是中青年人才健康快速成长，为建设综合交通、智慧交通、绿色交通、平安交通做出不懈努力和突出贡献。

交通运输行业高层次人才培养项目
著作书系编审委员会
2014 年 3 月

前　言

Foreword

全球范围内的网络安全事件频发,整体呈现爆炸性增长和多样化态势,各种攻击频繁发生,安全问题层出不穷。我国高度重视网络安全保障工作,成立了网络安全和信息化委员会,将网络安全保障工作提高到国家安全的层面,连续出台一系列法律法规和政策管理体系以及重大决策。“十三五”期间,交通运输管理与生产对信息技术的依赖性越来越高,网络规模越来越复杂,网络安全新问题、新风险和新挑战不断出现,整体网络安全形势严峻复杂。依靠防火墙、入侵检测、安全审计等传统网络安全防护技术和设备已经不能满足网络安全快速发展的需求,迫切需要新的技术及时发现网络中的异常事件,实时掌握网络安全状况,将之前亡羊补牢的事中、事后处理,转向事前自动评估预警检测和感知,以降低网络安全风险,提高网络安全防护能力。

态势感知是一种基于环境的、动态的、整体的洞悉安全风险的能力,是以安全大数据为基础,从全局视角提升对安全威胁的发现识别、理解分析、响应处置的一种方式。网络安全态势感知技术能够综合各方面的安全因素,从整体上动态反映网络安全状况,并对网络安全的发展趋势进行预测、研判和预警。

近年来,大数据技术高速发展,其特有的海量存储、并行计算、高效查询等特点,为大规模网络安全态势感知技术的突破创造了机遇,借助大数据分析,可以对成千上万的网络日志等信息进行自动分析处理与深度挖掘,对网络的安全状态进行分析评价,感知网络中的异常事件与整体安全态势。现阶段,面对传统安全防御体系失效的风险,态势感知能够全面感知网络安全威胁态势,洞悉网络及应用运行健康状态,通过全流量分析技术实现完整的网络攻击溯源取证,帮助安全人员采取针对性响应处置措施。

本书主编戴明同志,博士,交通信息工程及控制专业,正高级工程师,现任职于交通运输部所属中国交通通信信息中心交通运输信息安全中心,长期致力于交通运输行业信息化及网络安全政策、标准以及相关理论技术研究等工作;副主编邢宏伟、杜渐以及编委会成员均有多年的网络安全技术和管理经验,长期奋斗在网络空间一线,参与了多个态势感知项目的研究和建设工作。

编者通过广泛研究交通运输领域在网络态势感知应用过程中的项目实践案例,其案例涉及交通运输行业内公路、水路、铁路和民航等管理部门和用户单位。之后编者通过查阅国内外网络安全态势感知系统在交通行业应用的文献资料,结合所在单位交通运输行业网络安全态势感知信息建设及管理等方面的经验和知识积累，重点介绍了网络安全态势感知在交通运输领域的应用情况，填补了目前介绍网络安全态势感知应用实践的空白，为指导网络安全态势感知在交通行业的应用、促进现代交通运输业的发展贡献一份绵薄之力。

本书共分 9 章，内容包括形势背景、技术认知、行业应用、拓展思考，其中形势背景主要为第 1、2 章，技术认知主要为第 3、4 章，行业应用为第 5 ~ 8 章，拓展思考为第 9 章，具体如下：

第 1 章介绍了网络安全发展态势的基本概念和应用情况。

第 2 章介绍了网络态势感知的相关理论知识。

第 3 章介绍了网络态势感知发展态势和技术标准，以及我国相关政策、法律法规。

第 4 章介绍交通运输行业网络安全态势感知建设的情况。

第 5 ~ 8 章分别介绍了网络安全态势感知在公路领域、民航领域、铁路领域及其他行业的具体应用情况。

第 9 章对行业网络安全态势感知建设及人才培养进行了思考和总结。

本书理论与实践并行，语言平实，通俗易懂，可作为网络安全、交通运输、计算机科学等专业的辅助教材，也可作为网络安全专业工程技术人员的技术参考书，具有很好的参考价值。

书中汲取了国内外网络安全领域大量文献的精华，参考和应用了大量国内外有关书籍和学术论文的研究结果，在此，谨向书中提到和参考文献中列出的作者表示感谢。由于编者水平有限，编写时间仓促，书中难免出现一些遗漏和错误，恳请读者批评指正。

编　者

2020 年 2 月于北京

目　　录

Contents

第1章　网络安全态势感知概述

1.1　态势感知基本概念

1.1.1　定义

目前对态势感知最公认的定义来自1988年的国际学术会议上恩斯利博士提出的情景意识概念,即认识和理解一定时空范围内的环境因素,预测未来趋势以实现决策优势。此后,此概念在情境意识领域得到发展,被定义为“群体成员对当前环境事件的共同看法”。情境感知的概念近年来在信息技术领域得到广泛应用后,也出现“情境是一个系统中事物状态的综合,具有整体性和全局性;感知是人对客观世界的认知映射”。它基于数据融合和集成、风险评估、可视化等相关技术获得准确的信息。情境意识是对环境因素在时间和空间上的更现代的定义,如对一段时间后的状态进行全面的理解和预测,以实现合理的决策过程。

总体而言,态势感知是通过对信息要素的提取,获得必要的数据,然后通过数据分析进行现状的评价,进而实现对未来短期趋势的预测,以支持决策。

20世纪90年代,随着网络的普遍应用和各项信息技术兴起,态势感知的概念开始被引入信息技术领域,主要概念是通过态势要素获取,获得必要的数据,然后通过数据分析进行态势理解,进而实现对未来短期时间内的态势预测。其目标是实现对未来的短期预测,是一个动态、准实时系统。

20世纪90年代末,态势感知被逐渐引入到信息技术安全领域,主要是对各种网络设备、安全设备运行状况、网络行为以及用户行为等因素的监测,分析整个网络当前状态和变化趋势。

现在,态势感主要是基于大数据分析和融合的发展方向,通过对数据的采集和整理,进而对当前的网络以及未来将出现的可能性威胁进行判断和预警,并且给出分析报告。与传统的网络安全设施相比,网络安全态势感知系统建立在大量的数据采集论证的基础上,总体分为四个部分:数据采集、特征提取、态势评估、预警预测。近年来,网络安全态势感知的研究开始得到较为深入的开展,全面感知网络安全威胁态势,洞悉网络及应用运行健康状态,通过全流量、全日志的技术分析,识别网络安全防御体系隐蔽风险,帮助安全人员采取针对性响应处置措施。目前专家学者的共识是,网络安全态势感知是获取、理解、展示和预测在大规模网络环境下可能引起网络态势变化的安全要素的最新发展趋势,最终目的是为网络安全管理者提供决策和行动的参考。

1.1.2　基本架构

网络安全态势感知基本架构与传统的实体态势感知系统有着较大差异,传统的实体态势感知系统主要依赖于硬件传感器和信号处理技术采集数据,网络安全态势感知主要依赖于各类传统的网络安全设备和系统,如防火墙、入侵检测、安全防护系统以及产生的流量和日志文件等,并对其技术来进行融合、学习,进而开展预测分析。

网络安全态势感知能力的实现依赖于网络安全态势感知系统。目前,网络安全态势感知系统基本的功能框架主要是建立在“异构分布式网络传感器采集的基础上实现大数据的融合”理念之上的,网络安全态势感知系统基本的原理框架见图 1-1。这个框架自下而上分为数据感知层、信息分析层和态势展示层。

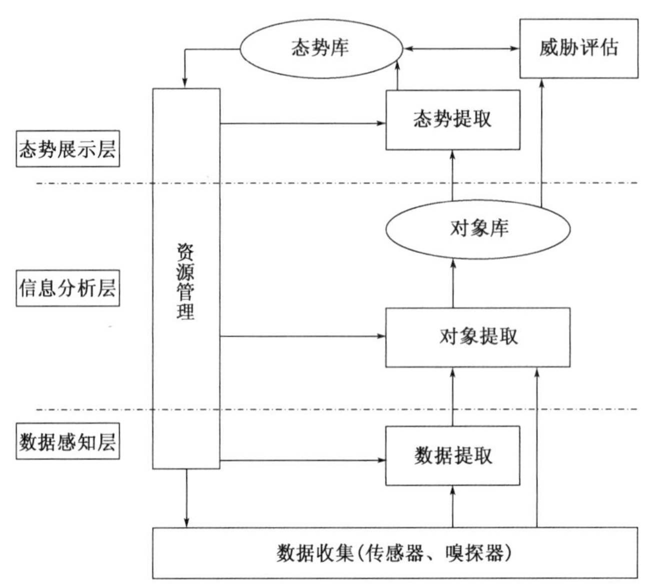

图 1-1 网络安全态势感知系统基本的原理框架

网络安全态势感知系统框架的最底层为数据感知层,包括数据采集子层和数据预处理子层,主要完成大量的来自不同厂商异构基础设施的数据清洗和校准、多元数据格式化、数据关联分析等工作;中间层是信息分析层,在底层数据充分获取的基础上,对网络安全态势进行动态智能的分析;最上层是态势展示层,能够对分析层知识转化、预测当前网络中可能发生的安全事件,评估网络威胁的程度,并集中展现出来。

根据网络安全态势感知系统三层框架,其运作的核心步骤可以总结为三个方面:

1)数据采集

数据采集是指利用各类感知工具,通过监测、采集、获取技术手段,获取影响系统安全性的要素数据的过程。这一步是态势感知(本书后面未明确标注的“态势感知”均指网络安全态势感知)的前提。

2)数据分析

数据分析是指分类、归并、关联分析各种网络安全要素和数据,进行处理融合和综合分析,得出网络的整体安全状况的过程。这一步是态势感知的基础。

3)态势展示

态势展示是指通过定性、定量分析,评估当前网络的安全状态和薄弱环节,预测网络安全状况的发展趋势,并给出相应的应对措施。这一步是态势感知的目标。

当网络安全态势感知系统在用户网络环境中动态地发挥作用,不断呈现网络安全的变动状态时,就有条件支持各级安全运营人员高效制订安全策略和安全措施。如今,网络安全态势感知系统强调环境、动态性以及实体间的关系,是一种状态和趋势,是一个整体和宏观的概念,任何单一的情况或状态都不足以称之为态势。当前,网络安全攻防对抗的最新趋势和网络安全技术的创新发展及演进,都将成为网络安全态势感知研究和实践的主要内容,使得网络安全态势感知逐渐成为安全领域聚焦的热点。

在现实的网络安全运营工作中,网络安全态势感知系统往往作为安全运营支撑核心平台出现。成熟的安全运营体系需要以安全防御技术为核心,从安全威胁监测、响应、调查、处置的全流程,安全漏洞发现、确认、修复、验证的全生命周期,安全性和防御技术的部署以及威胁情报数据搜集和不同维度层面综合设计等方面来应对网络攻击,从而提高安全保障能力。因此,对网络安全态势感知系统的整体框架和顶层设计提出更高的要求。网络安全态势感知系统首先需要具备对网络空间连续监测的能力,通过监测行为可以检测各类攻击的威胁程度,或者判断异常的网络访问控制行为;其次,态势感知系统需要具备逐步自我进化的能力,即通过各类网络安全威胁行为、路径以及威胁接口范围的判断,逐步优化自身特征数据,有效响应各类攻击手段,特别是针对关键基础设施的渗透攻击行为,避免网络攻击事态的扩大化;最后,网络安全态势感知系统一方面需要快速识别攻击的范围和设备影响结果,从而有效支持安全决策和响应,另一方面,需要帮助终端用户建立和完善预警机制,提高风险管控水平,做好应急处置和全面的安全保障。

1.1.3　功能框架

权威咨询机构 IDC(国际数据公司)发布的《2019 年中国态势感知解决方案厂商评估报告》对网络安全态势感知系统的理解如下:网络安全态势感知系统以特定网络空间资产及上面运行的业务系统为保护对象,整合分散的安全防护和检测技术,持续收集目标对象的资产类数据、业务运行情况数据、关键脆弱性用户安全信息、各类安全情报信息、设备运行日志文件和流控数据及各类情境数据,进行多层次安全分析,从多个维度持续监测、评估和预测网络安全态势,及时进行预警、告警、响应处置和情报分享,协助网络管理者全面细致地掌握网络安全运行状况,有效识别入侵、攻击、违规、泄漏和破坏行为,并通过与其他系统的协同联动来达成对目标网络安全的有效防护。态势感知系统的功能框架图,如图 1-2 所示。

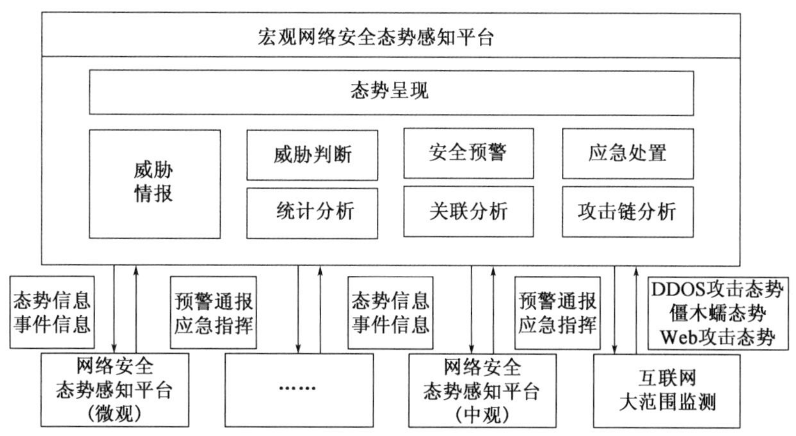

图 1-2　态势感知系统的功能框架图

在态势感知系统闭环流程中，提取、理解和预测是网络安全态势感知模型中重要的三个层次。

1)提取要素

提取要素主要负责感知和获取环境中的重要线索或数据。在网络安全中，是指防御系统的告警，如防火墙、入侵检测系统和入侵防御系统等。这些类型的数据必须是准确的，以保证后面做的决策基于真实网络安全事件。

2)理解要素

理解要素主要负责整合感知到的数据和信息，分析其相关性。这是一个上传下达的部分，因为态势感知远远不止步于感知各种网络安全设备或系统上所显示的一堆数据，真正需要做到的是，结合用户的业务场景和网络安全目标，理解用户环境内外部所有信息的意义，并建立起有效的网络安全态势的模型。

3)预测要素

预测要素主要负责对基于对用户内外部网络安全相关信息的感知和理解，预测网络中交换信息的未来发展趋势，主要是根据算法和模型对信息的前向传播时间进行判断，以及对业务未来运行环境和状态的安全影响做出评估，这既能结合对当前态势的理解进行表达，又可对下一步可能发生的网络威胁发出预警。

1.2 网络安全态势感知技术应用实践

1.2.1 国外网络安全态势感知技术应用

1)美国

作为世界最早开展网络安全态势感知技术研究的国家之一，美国在全国范围内建立完备的数据截获、分析能力，并建立国家级安全监测中心，将被动监控的数据进行实时分析、展示。早在2008年，美国就推出了信息安全领域的“曼哈顿计划”，全面提高美国重要网络设施的防御能力，以保护美国的网络空间安全，构建国家层面的网络安全防御体系。与态势感知关系相关的网络安全举措主要有可信互联网连接计划、爱因斯坦计划和《网络安全事件和漏洞响应手册》。

(1)可信互联网连接计划

该计划是美国电子政务网络安全方面的一项重大举措，也是美国政府《国家网络安全行动》(Comprehensive National Cybersecurity Initiative，CNCI)的重要组成部分。在网络情势获取和分析体系(爱因斯坦计划)的基础上，大刀阔斧地缩减政府互联网门户网站并将其全部纳入可信互联网连接管控，通过政府门户网站整合与托管、网络安全管控前移与集中、内控手段细化与专业化、桌面设备可控等一系列措施，全面掌控政府门户的网络安全态势，积极主动处置网络与信息安全事件。各个联邦机构都通过这个项目连接到互联网，取消各个联邦机构自身的互联网出口，涉及对联邦政府的互联网访问进行整合，实施统一的安全解决方案，大幅降低安全威胁，有效提升美国联邦政府机构的网络安全保障能力。

(2)爱因斯坦计划

爱因斯坦计划采用基于流量的分析技术，具体来说就是基于流数据[如NetFlow、sFlow、IPFIX(NetFlow即一种网络监测功能，sFlow即一种网络监测技术，IPFIX即IP数据流信息输出)等]的深度流检测(Deep Flow Inspection,DFI)技术。美国国土安全部(United States Department of Homeland Security,DHS)计算机紧急事务响应小组通过采集各个联邦政府机构的这些流信息,分析并获悉网络态势。

爱因斯坦计划 2 期在原来对异常行为分析的基础上,增加了对恶意行为的分析能力,使得美国国土安全部获得更好的网络态势感知能力。扫描互联网流量及政府计算机数据,检查这些数据的内容和元数据,以发现可能用于获取或伤害政府计算机系统的恶意计算机代码的“已知特征”,实现了恶意行为分析能力和网络入侵检测能力,对 TCP/IP(传输控制协议/网际协议)通信的数据包进行分析,发现恶意、攻击和入侵等行为。

爱因斯坦计划 3 期检测恶意攻击代理,在恶意代码威胁影响到政府计算机系统之前,采取实时措施进行阻断操作,以防止其攻击影响到政府网络系统;对政府机构的互联网出口的进出双向流量进行实时的全包检测,以及基于威胁的决策分析,能够在攻击进入政府网络之前就进行分析和阻断,全面增强了网络空间的安全分析、态势感知和安全响应能力;能够自动检测网络威胁并在危害发生之前做出适当的响应,即具备入侵防御系统的动态防御能力。

(3)《网络安全事件和漏洞响应手册》

2021 年 11 月,美国国土安全部(DHS)网络安全和基础设施安全局(CISA)发布了新的《网络安全事件和漏洞响应手册》,以补充行政令中指示 DHS 通过 CISA“制定一套标准的操作程序,用于规划和实施与联邦民事行政部门(FCEB)信息系统相关的网络安全漏洞和事件响应活动”的指示,手册的发布为 FCEB 机构提供了一套标准程序,用于识别、协调、补救、恢复和跟踪影响 FCEB 系统、数据和网络的事件和漏洞。手册提供了两部分内容:一部分用于网络安全事件响应,另一部分用于漏洞响应。在网络安全事件响应部分,该手册描述了事件响应可以由多种类型的事件发起,包括内外部组织组件事件报告或态势感知更新。事实证明,联邦政府组织间的合作是解决漏洞和事件的有效模式。基于以往事件的经验教训和行业最佳实践,CISA 通过发布手册标准化共享实践,整合人员和流程,从而推动联邦政府网络安全响应实践良性发展。

2)俄罗斯

俄罗斯是网络大国,也是欧洲互联网用户操作和使用率最多的国家,网民数量约为 9500 万人。俄罗斯高度重视国家网络安全建设,很早就将加强网络安全提升至国家战略层面,而其网络安全策略也有别于西方发达国家,适合其国家自身发展的特点,体现了俄罗斯加强国家安全观和国家复兴的总体战略目标。

(1)俄罗斯网络安全战略

俄罗斯建立一个国家层面的计算机技术信息系统安全管理机制,用来监测、防范和消除计算机系统因网络安全所导致的数据安全隐患。确定从战略发展层面评估俄罗斯国家整体网络安全形势,保障国家及企业重要数据资源基础服务设施的安全,对计算机安全生产事故问题进行鉴定,建立计算机网络体系攻击资料库等统筹事项和顶层设计。俄罗斯公布了《俄罗斯联邦网络安全战略构想》(以下简称《战略构想》),该构想对网络安全战略的原则、行动方向和优先事项进行了明确。

俄罗斯联邦政府也通过制定政策以支持国内网络安全战略,该战略在《战略构想》中被描述出来,如:从国家层面全面支持国内网络安全设备制造商出台税收支持政策,由政府主导积极推广各类网络安全产品在国际市场销售,确保软件系统的开放性支持政策有效实施,特别是操作系统的国产化政策支持方面。同时,俄罗斯联邦政府也制订措施推广使用国产软件系统硬件,包括网络安全设备,更换新的国家信息网络管理标准体系,以及符合俄罗斯联邦政府信息标准和通信网络标准。

(2)俄罗斯网络安全多重保障体系

为了确保网络安全,在实践领域,俄罗斯通过"软硬互补、虚实结合",构建多道安全保障措施。对于一般企业和个人安全,俄罗斯在软件及体制发展建设管理方面进行加强。

建立强制认证工作机制。俄罗斯建立了专门的认证服务机构和认证系统测试实验室,将信息数据安全风险等级分为 A ~ E 五个等级,只有获得认证的信息安全产品,才能在市场上销售和使用。而对于网络上的密码产品,认证条件更趋严格,密码保护设备必须是国内研制的,并且要经相关部门鉴定。

建立网络检查和审核机制。允许对经由互联网传播的信息平台进行检查,同时明确规定政府组织机构或相关责任主体及商业机构应将信息安全审查当成重要的日常工作并成为各类信息系统建设关键目标之一。同时俄罗斯也在积极发展并制定网络安全管理风险测评等制度和标准规范。

俄罗斯为了摸清网络领域内的实际情况并发现问题,2019 年底,通过"断网"测试进行了一次全社会网络安全实战演习,全面掌握在网络安全态势与安全防御体系方面的能力与不足,暴露出国内网络公司运营服务体系中的弱点与问题,为下一步安全防范与国家级的事件应对提供了决策分析数据。

俄罗斯拥有卡巴斯基等一批国际一流的网络安全企业,其在国际网络空间的舞台上扮演着重要角色。卡巴斯基实验室的网络安全分析团队,每年都会根据其态势感知体系的强大技术优势,对全球的网络攻击状况进行研究,发表针对下一年全球威胁预测研判。

3)欧盟

1997—2000 年,英国的国际安全分析中心(International Centre for Security Analysis,ICSA)开发了信息战攻击评估系统(Information Warfare Attack Assessment System,IWAAS),该系统能够评估不同攻击者造成的威胁,并提供信息战攻击的指示和敌人行为路径的预测。后续欧盟和北约都曾经建设用于感知分析网络安全事件、提高安全防御能力的安全信息和事件管理系统或者安全事件响应系统。近年来,随着网络安全态势感知概念和技术的不断发展,欧盟于 2019 年初正式发起了网络空间态势感知原型研究项目,进行网络安全态势感知能力建设。

为了提升信息安全监控和防御能力,欧盟于 2009 年启动了基础设施安全信息和事件管理项目。该项目由政府机构、科研院所和商业公司共同研发,面向大型服务的新一代安全信息和事件管理(Security Information and Event Management,SIEM)架构,通过智能化、可扩展、多层次、跨领域的大数据检测分析,旨在检测即将发生的安全威胁,并在可能的安全事件发生之前采取补救措施。该项目涉及安全性建模和形式化验证,使用可靠和有弹性的服务事件集合体系结构,构建可扩展和高性能的事件收集和处理框架。该项目的需求来自保障奥运会信息技术(Information Technology,IT)基础设施、法国电信、大型分布式企业的 IT 系统、关键基础设施(如大坝等)的 IT 系统等的安全。项目采用以开源软件为基础进行集成整合的技术路线,计划实现大量商业 SIEM 产品的使用和部署。

2019 年 1 月 11 日,欧洲防务局(European Defence Agency,EDA)宣布,西班牙、德国和意大利共同启动了 EDA 的网络态势感知包快速研究原型项目。该项目由西班牙主导,是为欧盟防务部队建立全面网络态势感知作战能力的第一步工作。EDA 的网络防御项目组认为各级军事指挥官需要具有理解和管理网络攻击风险的能力。这种能力的一个重要先决条件是,在一般和特定的威胁环境下,为指挥官提供相应的态势感知,使他们能够从环境中观察、理解和评估网络攻击的风险。该项目的最终目的是使军事指挥官清楚了解包括系统漏洞和攻击媒介在内的网络威胁情况,并提供能做出明智决策所需的工具,以便在作战的规划和实施阶段管理网络风险。

4)日本

日本近年来不断加强立法,设立全国性的网络攻击分析中心和国家网络安全中心、网络安全战略本部、网络犯罪中心等配套行动部门,并建立日本政府网络安全领域情报归口管理单位——内阁网络安全中心。通过这些措施,提高对网络安全事件的分析能力,健全应急处置机制,并逐步推进网络安全态势感知系统的建设。

2003 年,日本开始部署互联网扫描数据获取系统(Internet Scanning Data Acquisition System,ISDAS),该系统通过分布在各地的传感器获取如系统脆弱性、蠕虫感染、扫描行为等信息。日本政府于 2012 年在宫城县建立了国家第一家大规模的反黑客机构——防御系统信息安全中心,该中心职责是保护日本重要基础服务设施和工业生产设施的网络信息安全。该中心在建设过程中参考了美国国土安全部的网络安全系统工程建设过程中的得失经验,对涉及日本国家发展和国家安全战略的道路交通、航空、新干线等基础设施和化学工厂等工业设施项目实施强有力的网络防护,以阻止黑客集团攻击。该机构由日本政府的产业结构省组织的专业技术人员为管理班底,日本著名企业东芝、日立、三菱重工业等 8 家大型高科技企业共同参与建设。日本内阁于 2018 年 7 月发布了《日本网络安全战略综述》,该综述明确提出:为了日本的国家安全,要加强网络空间的防御、威慑和态势感知能力,打击恶意利用网络空间的行为,以保护日本的先进技术和国防相关技术。通过网络安全态势感知的建设,可以提高有关政府机构处理网络安全事件的能力,并促进威胁信息的共享。

5)韩国

韩国科学技术和信息通信部确定的国家网络安全基本计划以应对超级互联社会第 5 代移动通信技术(5th Generation Mobile Communication Technology,5G)发展所面临的国家网络安全风险,并加强文官和武装力量的联合应对体系。该计划最终以韩国政府《国家网络安全战略》为政策依据,开展国内网络安全战略管理,并在韩国各政府部门按照一级预案方式具体推进执行。韩国政府计划支持六大网络安全战略问题,将各机构实施方案分为 18 个重点课题、100 个细分课题,到 2022 年分阶段推进。

根据《国家网络安全战略》计划,韩国政府将通过改善国家信息通信网络安全环境和重要信息通信基础设施,强化后备计划中的网络修复和被攻击后关键通信基础设施的生存能力,提升核心基础设施安全水平,加强军民联合应对体系,有效预防和控制网络攻击,积极快速应对突发事件,提升网络威胁应对能力。基于个人、企业、政府间相互信任与合作,启动国家信息共享体系,加强与地方政府、中小企业、韩国信息防护与支持中心等的合作,构建一体化网络安全管理体系。

1.2.2 我国网络安全态势感知技术应用

从上述国家和地区的网络安全态势感知应用情况来看,网络安全态势感知的概念最早起源于美国,其应用同样也是以美国为核心,代表世界先进的网络安全研究成果和发展方向。

近年来,鉴于全球区域性冲突和主要大国之间博弈空间领域的不断扩充,国家安全战略中的国家网络环境安全战略也随时发生调整,"互联网+"逐渐成为新时代中国社会内驱性经济增长的新动力。我国通过采取建设国家大型科技项目,集中人力、物力突破网络安全领域关键技术,不断研发网络安全相关产品,鼓励国内网络信息产业发展等措施,构建出"政府主导,军民合作,产业支撑"为特征的多层次的网络安全态势感知技术体系和社会内驱体系。

对于大多数国家的网络安全态势感知,其建设的基本原则都是从围绕着建设基本网络感知环境开始,逐步过渡到"监听感知"的网络安全态势感知基本能力构建阶段,再到"探测感知"的网络安全态势感知扩展能力构建阶段,最后到"溯源反制"的网络安全态势感知溯源反制能力构建阶段的演进趋势。在这个过程中,强调把"态势感知"当作网络安全的其中一种技术手段去解决网络威胁问题,且普遍研究的是威胁发现、威胁管理、溯源反制等类似方向。

综上所述,目前世界范围内网络安全态势感知的应用现状主要表现在两个阶段:第一阶段是安全信息与事件管理(SIEM)阶段,第二阶段是安全运营中心(Security Operation Center,SOC)阶段。网络安全态势感知未来的技术功能趋势将呈现大数据、多要素、纵深化、多方位等明显特征,平台化、人机结合将成为主流;而其应用趋势将呈现智能化风险评估、应急处置、追踪溯源等特点,逐步摆脱人的主观经验,具备更强的应用范围和广度。

我国的科研机构和企业提出的网络安全态势感知产品,大多是指提供一种综合利用已有网络安全技术和系统的网络安全产品和解决方案和产品。经分析,科研院所和安全厂商的大多数网络安全态势感知产品均采用云计算、大数据和人工智能等技术,很大程度上提高了安全态势感知系统的可知、可管、可控、可溯、可预警能力。依托国家的引导,地方、行业、企业各级市场的繁荣发展和广大安全厂商的积极跟进,极大地推动了安全态势感知系统的实际落地并取得了一定的效果,更加有效地提升了安全事件的发现能力,并能够在风险预测、威胁处置等维度上提供更强大的运营决策能力和数据支撑。

从总体的发展过程来看,我国国内网络安全态势感知技术的发展已经走过以早期的安全信息和事件管理(SIEM)产品出现为标志的萌芽期、安全运营中心(SOC)概念大肆炒作的热潮期、推广使用效果低于预期的低谷期,伴随着技术成熟度提升和政策及业务需求驱动进入恢复和成熟期。尤其是近几年来,随着国家层面对"加强网络安全态势感知、监测预警和应急处置能力建设"的高度重视,一大批优秀的态势感知平台在不同的监管和运营场景下在不同的行业领域取得了成功应用。

1)安全信息与事件管理

以安全信息与事件管理(SIEM)为代表的第一阶段技术理念和相关产品是在网络安全态势感知理念下应用最早和最广泛的解决方案形态。这一阶段主要包括安全信息管理和安全事件管理两方面,安全信息管理实现对日志的数据收集、报表展示和分析处理实现合规报表、内部威胁管理和资源访问监控等功能;安全事件管理则通过对来自安全设备、网络设备、主机系统和应用系统的事件数据进行实时处理,提供安全监控、事件关联分析和风险事件响应。

SIEM 系统能够汇总和分析来自各种安全设备、主机系统、数据库和应用系统的安全信息,其中最主要的安全信息来源是日志记录。除此之外,SIEM 系统应能处理各种形式的数据,从而为安全监控工作提供用户、IT 资产、数据、应用、威胁和漏洞等上下文环境信息。SIEM 系统还能够对来自各种数据源的多样化数据进行归一化处理,在一定程度上提高安全信息收集、处理和存储的效率,通过关联分析实现网络安全事件监控、用户行为的实时监控。

2)安全运营中心

以安全运营中心(SOC)为代表的第二阶段,也被称为安全管理中心,是继安全信息与事件管理之后在网络安全态势感知理念下提出的解决方案形态。Security(安全)强调 SOC 处理的事件或流程应是与网络安全相关的;Operation(运营/管理)代表一种动态的过程,包括但不限于实时的检测和响应;Center(中心/平台)体系化的建设强调多领域安全产品和服务叠加的安全综合防线。

SOC 设计的初衷是以企业资产为核心,以安全问题事件管理为关键工作流程,采用安全域划分的思想,建立一套实时的资产风险控制模型,协助网络安全管理员实时完成对网络动态的监控,并提供给信息安全人员进行网络攻击事件研究分析、风险能力分析、预警管理和应急响应数据处理的集中统一监控平台,利用系统的综合分析能力,第一时间判断网络攻击的漏洞点以及对应的物理/虚拟服务器设备,从而为网络安全管理人员及时干预并控制事态进一步扩大提供有效的技术手段,将网络攻击可能对企业数据资产的破坏性降到最低。

管理员结合实际业务需求,通过网络流量走向进行业务建模,完成面向企业业务数据流的安全域划分管理措施,对企业的资产质量管理、业务连续性监控、业务应用价值、业务风险和影响性等进行分析,并通过业务数据在网络环境下运行状态以可视化形式展现关键业务环节。在数据采集层面,通过主动、被动相结合的方法,采集来自不同组织中构成业务系统的各种 IT 资源的相关安全信息,从业务的角度进行检测、分析、审计、报警、响应,信息收集的范围,从安全设备的信息拓展到了各种相关 IT 资源的安全信息,最终完成数据存储和统计分析报告。SOC 重点关注被保护的信息资产和业务系统运行状况,更多在于对处于同一机房或区域的信息资产(主机、网络设备和安全设备等)的日志信息、安全信息进行汇总和分析,管理来自不同边界、终端、设备工具的报警和事件,形成基于资产/域的统一的威胁管理和安全事件数据。

SOC 的推广一直不算成功,关键因素无法实现对网络集群设备的实时监测和预警管理机制的建立,更多的是对网络集群设备的数据流量状态管理和网络攻击后的应急处置判断。仅仅依靠设备日志分析、安全工具的堆砌方式,无法很好满足用户日益变化的需求。除此之外,难以与 IT 业务和监管等部门进行有机联动,也是其存在的问题之一。很多安全厂商推出的 SOC 解决方案和产品不能很好地兼容和支持不同品牌、厂商的主机设备、网络设备、安全设备,特别是不同品牌的安全设备,导致项目实际效果大打折扣。

1.2.3 网络安全态势感知应用趋势

网络安全态势感知应用趋势可以从技术功能和实践应用两方面来分析,具体如下:

1)技术功能发展趋势

网络安全态势感知系统在技术功能上的发展趋势主要体现在以下几个方面:

(1)高性能开放式大数据技术架构

系统要支持多种 Hadoop❶ 系统,同时支持 Kafka、Spark、Flink❷ 等多种流式大数据系统;能够运行在 X86❸ 和国产化安全可控硬件平台上,也支持虚拟化、Docker❹ 和云部署。

系统具有良好的分析能力开放性,允许用户自定义安全分析的算子;具备良好的整合能力开放性,能够方便地与第三方开源或商业网络终端设备(Network Terminal Appliance, NTA)、端点检测与响应(Endpoint Detection&Response, EDR)、安全信息与事件管理(SIEM),以及安全情报等系统对接;对外提供 SDK(一种软件开发工具包),允许用户进行二次开发。

通过分布式架构设计,可实现高性能的信息采集、分析、存储和响应。借助高性能分布式关联分析引擎,实现十万甚至是数十万级别的每秒事务数(Transaction Per Second, TPS)能力水平。

(2)多要素采集融合

系统能够采集多维多源异构的安全要素信息。在采集设备和端点的日志的同时,采集流量数据;既能够采集资产数据,也能够采集漏洞和配置等脆弱性数据,还能够采集包括情报、身份、业务在内的各种情境数据。通过大数据技术对采集到的数据进行数据融合,数据融合不仅包括日志、流量、资产、漏洞、情报信息的各自融合,也包括这些要素信息的交叉融合。内置数据治理功能,既支持对要素信息的动态建模(如日志建模、资产建模、弱点建模、威胁建模、风险建模、态势指标建模等),也支持对要素信息采集、传输、存储、利用的全程质量监控。

(3)纵深化安全分析

将基于规则匹配的关联分析、基于机器学习的行为分析和自定义算子的专项分析三种分析引擎叠加到一起,并集成情报分析、攻击链分析和用户及实体行为分析(User and Entity Behavior Analytics, UEBA)功能,形成一个纵深化、立体式的分析网络,综合发挥各种分析能力的优势。

(4)多方位态势感知

系统强调从资产、用户、运行、弱点、攻防、威胁、风险等多个角度进行多方位的态势评估、预测与呈现,帮助用户全面掌控网络安全态势。

(5)安全编排与自动化

提供具备 SOAR(即安全编排和自动化响应)功能的网络安全态势感知系统,通过告警管理、安全编排自动化模块,利用工作流引擎和可视化剧本编辑器,帮助用户快速核实告警、

---

❶Hadoop 即一种分布式系统基础架构。

❷Kafka 即一种高吞吐量的分布式发布订阅消息系统。Spark 即一种大规模数据处理的快速通用的计算引擎。Flink 即一种开源流处理框架。

❸X86:一般是指 Inter X86,英特尔公司于 1978 年推出的 16 位微处量器。

❹Docker 即一个开源的应用容器引擎。

自动响应处置、持续事件调查，实现积极安全响应。

(6)新技术应用

在网络安全态势感知新技术的应用上，由于涉及海量数据，适宜结合区块链技术数据关系加密、数据不可篡改、去中心化让数据永不下线等优秀特性开展研究，目前已经有很多研究机构和厂商在开展相关科研和实践探索。

2)实践应用趋势

在当前的网络安全态势感知系统实践应用中，有一个新的趋势非常明显，就是把网络安全态势感知、安全运营、安全监管越来越紧密地结合起来。在态势感知的基础上，扩展加入协作和联动的接口，集成安全运营流程功能，使其成为完整的安全运营核心支撑平台。

网络安全运营是指对系统和网络、信息资产、业务信息平台以及业务运行状态的持续性安全监测与维护，强调安全运营管理人员在工作中人为参与和行动。此过程是长期的、日常型的工作，不仅需要安全运营管理人员在技术上予以保障，同时也需要专家在关键节点对安全工作提出指导，确保运转过程平稳，即便发生了针对基础设施、信息平台、应用系统及其运行环境的安全事件，也能够迅速采取一系列响应和恢复活动，维持各业务的正常运行。网络安全态势感知系统的要素与网络安全运营要素在技术上高度保持一致，在风险评估、监测预警、应急处置、追踪溯源、攻防演练、持续改进各个阶段提供有效的技术支撑。从运营管理的角度，网络安全态势感知系统的关注点如下：

(1)风险评估

网络安全运营的第一步是风险评估。通过风险评估确定整体的信息资产安全需求，为制定和实施安全策略提供依据。对于企业用户来说，经营政策、客户资料、交易信息、客户路径信息、支付信息、通信网络、IT基础设施、信息系统、内部网络、使用的软件、主机、内部人员以及与此相关的信息资产均属于评估范围，这也是网络安全态势感知系统的能力基础。

(2)监测预警

由相关方以网络安全目标和相关标准为依据，通过网络安全态势感知系统的支持，建立网络安全监测预警和信息通信系统，加强网络安全信息的采集、分析和通报，并按规定统一发布网络安全监测预警信息，对系统和网络、信息服务平台及业务的脆弱性和风险进行检测和扫描，及时发现安全风险并报警。

(3)应急处置

在发生安全事件时，执行应急处置措施，定期上报重大安全事件，结合此类安全事件修改现有的应急处置规程，增加新的应急处置内容。同时，相关方按照法律法规、政策文件和标准的要求，在运营过程中必须制定网络安全事件的应急预案，用于指导应急处置过程。依据应急预案规程，网络安全态势感知系统应按照事件发生后的危害程度、影响范围等因素对网络安全事件进行分级，并按照有关规定执行相应的应急处置措施，流程化推进应急处置策略，对安全事件实施安全控制，确保信息业务流程按照规划目标恢复。

(4)追踪溯源

安全运营应建立安全取证机制和全流程有效的责任追踪溯源体系，明确各环节的主体责任，制定信息系统安全岗位责任制度，并监督落实。各系统通过详细记录用户的活动信息，包括时间、地点、操作过程和结果，以建立追踪溯源的数据基础，尤其以网络安全态势感知系统为技术支撑，建立整体的追踪溯源体系，包括软硬件系统和符合法律的取证过程，实现对存在的违法入侵进行快速而有效的调查和取证，并保证证据数据在调查和取证过程不被篡改和删除。

(5)攻防演练

网络安全攻防演练的目的是模拟黑客真实的攻击手段，对用户环境各技术层面进行攻击，安全运营团队则负责防御，以此检验现有的防护措施是否生效、是否还存在管理上的薄弱环节，使得管理者和决策者能及时了解单位内部网络环境中的安全短板，全面掌握单位网络环境的薄弱之处，了解可能会对单位造成的重大损失，并提早采取必要的网络安全防控措施。虽然攻防演练不能保证发现系统中的“所有”弱点，但是经常性的演练可以不断发现安全短板，逐渐减少风险，有助于管理方或运营方的所有成员增强安全意识，主动降低风险。当风险发生后，能够快速响应，有助于内部安全的提升。在攻防演练的全过程中网络安全态势感知系统能够将对抗双方的态势实时展示，提供攻防演练评估的技术支持。

(6)持续改进

首先，网络安全态势感知系统是一套不断持续改进和演化的体系，需要结合部署单位性质特点和用户模式，形成不同单位在网络安全管理方面的整体框架体系、网络安全应急管理规程、风险管理体系、安全处置操作规程，并进一步形成系统与管理体系持续改进的理念；其次，持续改进是在可接受的成本范围内来识别、控制、减少或消除可能影响运行的各种安全隐患，而不是一味无限度地投资软硬件设施；最后，持续改进也意味着网络安全态势感知体系是一个动态管理的过程，需要网络安全操作遵循规划、执行、监督、改进的PDCA(Plan-Do-Check-Action)循环，不断地适应网络安全态势感知系统动态的相关风险，不断提高网络安全水平。

综上所述，通过网络安全态势感知系统打造统一的支撑安全运营的平台，改变用户以往多套平台、多套系统林立而不能有效融合的局面，提升安全运营的全局观和整体效率；还可以从技术上提供与内部管控平台、外部行业、协会、监管单位和组织进行对接的条件，共享和获取风险态势信息，促进整个网络安全环境健康、有序和安全发展。

第2章　网络安全态势感知技术

安全是一种能力，网络安全态势感知作为安全能力核心之一，可全面提升“以人为本、以数据为核心、以技术为支撑”的安全能力。网络安全项目建设中，充分考虑网络安全态势感知能力建设，对网络流量数据进行关键信息提取、分析和展示，并形成一定的网络安全态势感知、预警预测；通过对影响网络安全性的要素信息进行获取，按照模型要求进行汇聚、存储、关联分析、统计分析、数据挖掘、风险分析等，得到网络的整体安全状况及其应对措施，并对网络安全状况的发展趋势进行预测。

态势感知本质上是安全能力大集中，涵盖了数据采集、情报获取、安全分析、监测预警、分析研判、指挥通告、响应处置和追踪溯源的完成安全流程。我国的网络安全正在逐步形成以主动防御为目标、以数据驱动为手段、以态势感知为支撑、以安全运营为核心、以动态协同为特征的下一代安全防御体系。

网络安全态势感知实现技术包括网络安全态势感知系统的数据采集、数据存储、数据分析、威胁情报、态势指标、态势评估、态势预测、响应处置、态势可视化九大技术方向，其技术构成如图2-1所示。

图2-1　网络安全态势感知系统实现技术

数据采集技术能够支撑交通运输行业网络中全部安全要素信息的采集，保障态势感知平台所需数据能够实时、高效获取。

数据存储技术能够利用大数据存储技术，构建统一的安全基础数据资源，为后续的安全分析、态势评估、态势指标、调试预测、态势可视化提供数据支撑。

数据分析技术能够从海量的安全数据中提取出影响安全态势的关键信息，为分析网络安全现状、及时发现网络安全风险、识别网络中异常行为提供计算能力支撑。

态势指标设定能够构建全面客观的网络安全态势指标体系，进行态势评估和计算，并反映网络安全状况。

态势评估技术能够利用网络安全属性的历史记录和运行状况等，为用户提供一个准确的网络安全状态评判和网络安全的发展趋势估计，使网络管理者能够有目标地进行决策和防护准备。

态势预测技术能够基于安全策略建立数据分析模型，对安全数据进行集中分析，根据当前已检测到的报警信息预测未来即将发生的攻击行为。

威胁情报分析技术能够有效针对大量安全告警数据进行告警风暴治理，利用威胁情报对告警事件进行过滤、筛选和优先级排列，并丰富事件上下文数据，提高安全态势平台的检测和分析能力。

安全响应处置通过将技术、流程、人员有效结合起来，帮助安全响应团队实现快速有效的应急响应。

态势可视化技术能够通过将大量抽象的网络和系统数据以图形的方式展现，帮助分析人员准确了解当前网络安全态势和未来的趋势。

下文将分别针对网络安全态势感知系统中各个关键技术的实现进行介绍。

2.1 数据采集

网络安全态势感知数据采集通常需要获取网络各类安全数据、流量数据、主机数据、资产数据、安全告警数据等，并通过归一、富化等数据预处理工作，达到对网络安全状态的实时监测。在网络安全态势感知应用中，按照数据来源和特点，可以将被采集数据分成四类：一是网络通信层面的数据，有包字符串、包捕获、会话或流数据等；二是主机层面的数据，有各类信息系统、应用及安全防护、探测类设备所产生的日志数据等；三是环境业务类的数据，有被感知环境中各种信息资产及其属性；四是告警数据，通常为来自入侵检测系统、防火墙等安全设备或软件的报警信息。

在目前集成化的网络安全态势平台中，数据预处理过程主要包括数据的信息化与格式化、数据的关联、数据的融合、数据的预处理等。高效可靠的网络安全态势平台的数据采集技术实现的最终目的是能够集成各种不同类型软/硬件安全设备的数据信息，而数据采集是集成各类信息的第一步，并且是至关重要的一步。

数据采集点的部署及其在网络中的位置决定了所收集数据的类型，采集目的是确保可以发现和识别网络安全态势感知的关键数据源。数据采集点的部署以及在网络中的位置决定了能采集到什么样的数据，数据采集的目标是确保网络安全态势感知的关键数据源能够被发现和识别。根据采集技术原理的不同，可将采集方式分成被动和主动两种。

2.1.1 主动式采集技术

主动式采集方式是指主动构建数据包发送到目标网络资产，提取相关信息的目标数据返回的数据包(包括数据包传输时间、每一层的协议内容等)，并与数据库对比，以实现操作系统、对外开放端口、应用程序类型及服务的采集。主动式采集主要有简单网络管理协议(Simple Network Management Protocol，SNMP)、远程终端协议(Teletype Network，Telnet)、安全外壳协议(Secure Shell，SSH)、Windows 管理规范(Windows Management Instrumentation，WMI)、文件传输协议(File Transfer Protocol ，FTP)、超文本传输协议(Hypertext Transport Protocol，HTTP)、安全版超文本传输协议(Hyper Text Transfer Protocol over Secure Socket Layer，HTTPS)、蜜罐技术、漏洞扫描、爬虫等 10 种途径。

1)SNMP

SNMP 是一种重要标准协议，旨在通过网络管理系统中网络节点和相关设备的安全管理，进而获取网络中节点和设备的数据。使用 SNMP 采集工作期间，数据分析采集代理将在主机设备或网络节点上运行。当所需的运行环境状态相关数据出现时，采集代理会及时主动将信息处理数据上报给控制终端。

2)Telnet

Telnet 是远程登录访问的标准协议，支持远程用户在本地主机上完成工作。在用户的计算机终端上使用 Telnet 程序，用它连接到服务器。最终用户可以在远程终端输入命令，主动获取被采集服务器的各类数据。

3）SSH

SSH 是建立在应用层基础上专门为远程登录会话和其他网络服务提供安全性的协议。利用该协议，使用者可通过远程命令界面与包含网络安全数据的系统进行交互，获取服务器或其他网络设备的各类数据，同时可对传输的数据进行加密和压缩，提高获取数据的安全性和效率。

4）WMI

WMI 是 Windows 的一种核心规范，基于它可以采集 Windows 操作系统日志。它可以管理、访问、配置和监视系统中的资源，获取系统日志、事件日志等。Linux 系统可通过 WMI - Client（Linux 系统连接 Windows 主机的工具）收集事件日志。

5）FTP

FTP 是 TCP/IP 协议组中的协议之一。它包括两个组件，一个是 FTP 客户端，另一个是 FTP 服务器（存储文件）。用户基于 FTP 协议可以在客户端访问服务器上的资源。

6）HTTP

HTTP 是互联网上应用最广泛的一种网络协议，属于应用层协议，是一个客户端与服务端请求和应答的标准。采用该协议不需要用户安装客户端管理程序，就能轻松访问服务端的超文本信息、配置菜单、事件日志及其他数据。

7）HTTPS

HTTPS 是安全版的 HTTP，在其基础上添加了 SSL（即安全套接字协议）层，SSL 通过证书确认服务器的身份、传输加密和身份认证保证了传输过程的安全性。

8）蜜罐技术

实质上是一种欺骗攻击者的技术。将一些信息、主机或网络服务作为诱饵，引诱攻击者攻击它们，从而捕获和分析攻击行为特性，了解它们的攻击手段和方式，进而推测其攻击意图，掌握黑客的社会工程学手段及最新工具。蜜罐技术的数据采集功能是蜜罐技术的一项附加功能，其日志是很好的数据来源。

9）漏洞扫描

漏洞扫描是指通过扫描等手段对指定的远程或者本地计算机系统、信息系统、网络及应用软件的安全脆弱性进行检测的技术，是一种发现可利用漏洞的安全检测（渗透攻击）行为的技术手段。它通过网络检测目标系统，将数据发送给目标系统，然后把反馈数据与固有的漏洞数据库进行对比，枚举目标系统中的漏洞。

10）爬虫

爬虫是搜索引擎的重要组成部分；其根据某些规则，自动捕获 Internet 信息的脚本或程序。爬虫种类多样，编程性强，通常分为四种类型：通用式、聚焦式、增量式及深层网络爬虫。网络爬虫更有针对性、更精准地从相关网页抓取数据。抓取过程不断从当前页面提取新的 URL（即统一资源定位系统）并将其放入队列中，采集新的数据。所有被抓取的页面都将由系统存储，以进行某些分析，完成数据过滤和索引的建立，以供后期使用。利用多种网络爬虫可以抓取互联网上各类数据。

主动检测方法通过目标网络中的节点发送和接收检测数据包并进行响应分析，而不必将客户端安装到所有网络资产，较为便捷高效。根据网络安全态势感知系统实践中对主动式采集方法的应用，发现还存在一些问题需要改进和解决。一是容易触发安全设备报警，不利于隐瞒信息采集行为；二是不适用于必须持续运行的系统，例如工业控制系统（Industrial Control System，ICS）、金融系统、过程控制系统（Process Control System，PCS）及电能管理系统（Energy Management System，EMS）等关键系统，因为检测行为会引起大量网络流量噪声，这很容易影响系统的正常运行；三是检测结果不够全面，每次检测只能了解当时的网络资产状态；四是对某些资产检测无效，例如，某些客户端模式下的软件需要特定数据包激活的服务、临时服务等资产；五是很难检测到某些受到 NAT（即网络地址转换）路由、安全设备和代理保护的网络资产。

2.1.2 被动式采集技术

被动式采集是指在网络上采集数据时，不发出第二层（数据链路层）或更高层的数据。与主动式采集不同的是，被动式采集往往不需要主动向目标发送数据即可获取需要的数据，数据内容更接近原始数据，同时对于整体的网络环境影响更小。常见的被动式采集技术主要包括以下几种：

1）网络分流器

网络分流器是可以直接插入到网络电缆且发送用于网络通信数据包给其他网络设备的通信设备。该设备可采集网络平台流量数据。对网络分流器输入相关数据，进行自我复制、汇聚、过滤，并通过协议将万兆 POS❶ 数据转换成千兆 LAN❷ 数据，按照网络特定的算法，完成通信数据流工作负载均衡输出，并且在输出数据流的同时，确保同一会话的所有数据包，或者使用同一 IP 地址❸ 用户的所有数据包，都从同一个接口输出。

2）网络分路器

网络分路器（Traffic Access Point，TAP）是一款复制以太网流量的设备，它能够在不中断网络正常流量的情况下，实时获取网络流量。在使用时，预先将 TAP 串行连接到被监测链路中，届时 TAP 会将被监测链路中的网络数据复制到它的另外一个或多个端口上，供不同的分析工具进行分析。该设备可采集网络流量数据。

3）光纤分光器

光纤分光器是光网络系统中对光信号进行耦合、分支、分配的光纤汇接设备。它是光纤链路中最重要的无源器件之一，拥有多个输入端与输出端。其功能是分发下行数据，集中上行数据。通常光纤分光器具有一个上行光接口和几个下行光接口。来自上行光接口的光信号分布到所有下行光接口进行传输，来自下行光接口的光信号只分配给唯一的上行光接口进行传输。该设备可采集网络流量数据。

4）日志服务器

日志服务器用于收集各类软件系统或网络硬件通信设备的日志类流水数据。日志服务

❶POS：一种应用城域网及广域网中的技术，能够用于传输分组数据。

❷LAN：局域网。

❸IP 地址：互联网协议地址。

器主要收集网络安全设备、网络交换机或路由器设备、业务应用服务器设备、数据库、服务器、应用系统、主机等所产生的日志(包括运行、告警、操作、消息、状态等)并进行存储、监控、审计、分析、报警、响应和报告。该设备可采集设备日志数据。

5)无线路由器

无线路由器是指利用无线路由器的端口映射功能形成端口镜像,将终端设备的数据流量进行端口数据流集成和监听的通信设备。无线路由器可进行无线数据采集(Wireless data acquisition),指定端口称为“目的端口”或“镜像端口”。可以通过镜像端口监控和分析网络流量,而不会对源端口正常的吞吐量产生影响。该设备可采集无线网络流量数据。

网络安全数据采集工具大致分为两类,一类是开源的数据采集工具(多为软件或套件形式),另一类是根据一些特定要求定制开发的数据采集工具。前者可在互联网上免费下载使用,后者则作为商业产品出售或者作为内部使用,而定制化的数据采集产品通常基于特殊的硬件设备使用。各类数据采集工具如表2-1所示。

各类数据采集工具　　表2-1

工具名称	工具简介
Wireshark	图形化工具,用来抓取、过滤和分析数据包
Tshark	命令行形式工具,进行网络抓包协议分析
Dumpcap	抓包工具,以最少的资源实现最大化抓包能力
TCPdump	基于UNIX系统,较早出现的网络流量抓取、过滤和分析工具
Netsniff-4NG	通过零拷贝机制实现高性能数据包
Dsniff	网络安全监控,数据收集
Argus	一种专业的流数据分析工具
SiLK	命令行工具,用于收集和存储流数据,具有强大的流导出数据分析能力
Flow-tools	开源的、模块化的、易扩展的数据流收集和分析工具
Fprobe	轻量级的NetFlow生成与采集管理工具
YAF	能够提供IPFIX输出的流生成分布式收集工具
Httpry	显示和记录HTTP流量的专用数据包嗅探器
Justniffer	可定制输出能力的全面的协议分析工具
Daemonlogger	高性能、高稳定性的数据包捕获工具
Sphnk	可移植的、高度可扩展的日志检测、聚合和分析工具
DAD	基于GPL授权的分布式开源日志聚合与分析工具
Squid	流行的日志收集、代理和Web缓存工具
Xplico	提取互联网流量、捕获和解析网络应用层数据包工具
Ftcat	OFT协议专用解码和数据提取工具
Smtpdump	SMTP专用解码和数据提取工具

注:UNIX是指一个20世纪70年代初出现的操作系统。HTTP:超文本传输协议。GPL:GNU(自由的类Unix操作系统)通用公共许可证。Web:全球广域网,也称为万维网。OFT:单向函数。SMTP:简单邮件传输协议。

2.2 数据存储

如何对海量的数据进行管理和储存是网络安全态势感知系统务必解决的问题。所有大数据组件应用的基础是海量安全数据存储。同时,我们仍需要关注如何把数据持久保存下来,如何对支撑相关功能的硬件资源(服务器集群、数据中心)进行统一管理、协调调配,以提高资源利用率。

网络安全态势感知系统的数据存储技术可以按组织结构、业务用途、时效性要求等标准进行分类。按照数据存储的组织结构,可以分为结构化数据存储、半结构化数据存储和非结构化数据存储。按照数据存储的业务用途,可以分为原始数据存储、经过处理得到的中间数据存储、经过分析得到的结果数据存储、知识库数据存储、情报库的数据和态势感知系统自身的(管理)数据存储。按照数据存储的时效性要求,可以分为实时存储数据、备份存档数据。

存储结构选型应根据网络安全态势感知系统实际业务情况进行合理选择。在实践中运用较为广泛的解决方案是基于 Hadoop 分布式文件系统(Hadoop Distributed File System, HDFS)开发海量存储,用于存储所有的非结构化数据库,包含原始库(如流量日志)和备份库,可以通过 Spark 和 Hive❶ 进行非结构化数据库读写操作;基于 ES(Elastic Search)搜索引擎开发热点存储,存储所有符合标准或者经过加工处理,且与业务高度相关的数据,包括主题库、关系库、基础库和资源库等。数据存储通过原生 RESTfulAPI❷ 或者 ESSQL❸ 进行读写操作。

目前网络安全态势感知系统的主流大数据存储与管理技术包括分布式文件系统、分布式数据库、分布式协调系统、非关系型数据库等。

2.2.1 分布式文件系统

分布式文件系统是一种文件系统,它使用网络将文件在多台主机上实现分布式储存。分布式文件系统一般采用客户端/服务器(C/S)模式,客户端通过确定好的通信协议,经过服务器和网络进行解析,并通过网络发起访问文件请求。服务器和客户端可以设置访问权限,从而使通信双方有效获取对底层数据的访问权限。分布式的文件系统目前应用较为广泛,主要包括谷歌(Google)公司开发的 GFS❹ 和 Hadoop 项目里的 HDFS。后者是模仿 GFS 开发的开源系统,整体架构与 GFS 大致相同,被广泛应用在各个应用场合。

在 Hadoop 中,HDFS 是该项目的两大核心之一,解决了海量数据的高效存储。它拥有流式处理数据、处理超大数据、可在廉价的服务器上应用的优点。HDFS 其实就是以在廉价的超大型服务器的集群上应用为目标的,所以,硬件故障就被作为一项常态被考虑。通过 HDFS 可以确保文件系统的高可靠性和高可用性,尤其是当部分硬件发生一些不可预知的故障时,它可以保持正常运转。它同时可以兼容廉价的硬件,即具有高度的容错率,它可以以低成本使用现有机器,实现大数据量和大流量的读写功能。HDFS 可以通过流的形式在文件系统中访问数据,而且在访问应用数据时保持较高的吞吐率。所以 HDFS 作为底层的数据储存,对于拥有大数据集合的应用程序来说是一个非常好的选择。

---

❶Hive:一个基于 Hadoop 的数据仓库工具。

❷RESTfulAPI:表述(也译为表征)性状态转移。

❸ESSQL:是 Elasticsearch SQL。Elasticsearch 是一个非关系型数据库,SQL 一般是指结构化查询语言。

❹GFS:Google 文件系统。

HDFS 采用典型的主/从(Master/Slave)架构模型,一个 HDFS 集群中包括一个名称节点(Name Node)和多个数据节点(Data Node)。在它的命名空间中包含文件、块及目录。命名空间支持对 HDFS 体系里的文件、块和目录进行与文件系统相似的删除、修改、创建等基础操作。目前在它的体系结构中,HDFS 集群中只拥有唯一的命名空间,同时有且只有唯一的名称节点。它作为中心服务器,是整个文件系统的管理节点,可以维护整个文件系统的文件目录树、文件或目录的元数据(Metadata)和每个文件对应的数据块列表,同时支持接收用户的操作请求。

所谓的数据节点在集群里,一个节点的进程运行在一个节点中,负责处理和管理文件系统的读和写的请求,同时提供对真实数据文件的储存服务。每个数据节点都会定期向名称节点发送自己当前状况的报告,即发送自己的"心跳"信息。当名称节点没有定时收到"心跳"信息,则会默认数据节点出现宕机的情况,然后名称节点不会分配数据节点任何输入/输出(Input/Output,I/O)请求。此外,多副本一般情况默认是三个副本,可以通过 hdfs-site. xml❶ 的 dfs. replication❷ 属性进行设置。采用一个名称节点管理所有元数据的架构设计大大简化了分布式的文件系统的结构,可以确保名称节点不会失去对数据的控制,同时确保用户数据必然不会流经名称节点,以此减少中心服务器的负荷,从而使数据管理的效率得到显著提高。

2.2.2　分布式数据库

如今,关系型数据库已经相当稳定和成熟,通常具备面向磁盘的索引和存储结构、基于锁的同步访问、多线程访问、基于日志的事务和恢复机制等功能。然而,随着 Web2.0 应用的不断发展,传统的关系型数据库已经不能满足大数据时代的要求,不管是在数据的高扩展性、高并发性,还是高可用性方面,都显得力不从心,于是以 HBase 为代表的分布式数据库的出现,有效弥补了传统关系型数据库的不足,在当今大数据时代的数据存储和管理方面得到广泛应用。

HBase 是一种高性能、高可靠、实时读写、可伸缩、分布式列数据库,主要存储非结构化的松散数据。HBase 与传统关系型数据库相比的主要区别是,它使用基于列的存储,而传统关系型数据库采用基于行的存储。它具备横向扩展能力,能够采取不断增加廉价商用服务器的方式提高存储容量,也可以处理非常庞大的表。在低延时要求上,HBase 要比 HDFS 更胜一筹。HBase 也是 Hadoop 子项目之一,是对谷歌 BigTable❸ 的开源实现。它处在结构化存储层,HadoopMapReduce 为其提供高性能计算能力,HDFS 为其提供高可靠的底层存储支持,zooKeeper(下文会具体介绍)为其提供故障转移机制和稳定服务。Hive 和 Pig❹ 还提供了对 HBase 的高级编程语言支持,这使得对 HBase 上的数据进行统计分析处理非常简单。另外,Sqoop(一款将 Hadoop 中的数据与关系型数据库内数据进行转换的一种开源工具)为其提供了一个可以向关系型数据库中导入数据信息的功能,这使得将数据从传统企业数据库迁移到 HBase 变得更便捷。

2.2.3　分布式协调系统

分布式协调技术主要用来解决分布式环境当中多个进程之间的同步控制,让它们有序

---

❶hdfs-site. xml:HDFS 环境配置中的核心配置文件。

❷dfs. replication:HDFS 中配置文件副本数及备份等。

❸BigTable:Google 为其内部海量的结构化数据开发的云存储技术。

❹Pig:高级数据查询语言。

访问某种临界资源,防止造成“脏数据”的后果。为了在分布式协调中进行资源调度,需要一个协调器,也就是“锁”。例如,系统某进程在使用某资源时,首先要获得锁,某进程获得锁以后会对该资源保持独占,这样就可以保证其他进程无法访问该资源,此进程用完该资源后将锁释放,就可以让其他进程来获得锁。通过这种锁机制,可以确保分布式系统里的多个进程有序访问某种临界资源。这个分布式锁是分布式协调技术实现的核心内容。目前,在分布式协调技术方面做得比较好的有谷歌的 Chubby❶ 和 Apache❷ 的 ZooKeeper❸,这两者都是分布式锁的实现者。

ZooKeeper 是一个开源的分布式应用协调服务系统。它是 Hadoop 子项目和 HBase 的重要组件,同时是谷歌 Chubby 的一个开源实现。它提供了分布式应用程序一致的服务。它的主要功能是分布式同步,支持配置维护、服务组和域名服务。ZooKeeper 通过这些服务,将复杂且容易出错的关键服务进行封装和打包,为最终用户提供快捷易用的用户交互界面,实现用户对系统应用的稳定、高效处理。

ZooKeeper 是用 Java 语言编写的。通过使用类似于文件树结构的数据模型,可以使用 C 语言或 Java 语言轻松访问 ZooKeeper。ZooKeeper 树中的每个节点被称为 Znode。与文件系统的目录树一样,树中的每个节点可以拥有子节点。尽管 ZooKeeper 看上去像是一个文件系统,但为了方便,它摒弃了一些文件系统的操作,这是因为它的文件非常小且为整体读写,所以不需要打开、关闭或寻址的操作。ZooKeeper 设置监听所有的读操作,包括 getData( )、getChildren( )和 exists( )。当监听对象的状态发生变化时,就会触发该对象上的监听事件。监听事件异步发送到客户端,ZooKeeper 为监听机制提供了一致性保证。理论上,客户端收到监听事件的时间比它看到的监听对象状态更改要快。ZooKeeper 的核心机制是原子广播,它确保了各个服务器之间的同步。实现此机制的协议称为 Zab 协议。Zab 协议有广播(同步)和恢复(选举领导者,即选主)两种模式。当服务启动或出现 Leader❹“崩溃”时,Zab 会启动恢复模式。当选择了领导者并且领导者与服务器的状态同步后,恢复模式结束。状态同步确保领导者和服务器具有相同的系统状态。ZooKeeper 基于的快速 Paxos 算法存在一个“活锁”的问题,也就是当多个 proposer(申请人)交叉提交时,可能发生互斥,导致没有一个申请人能够成功提交。FastPaxos 算法针对这一问题做了优化,它选出一个领导者 Leader,只有领导者才能提交申请。其实 ZooKeeper 的工作流程很简单:一是 Leader 的选择,二是数据的同步。Leader 选择过程有多种算法,默认的是快速 Paxos❺ 算法。Leader 类似于 Root❻,拥有最高执行 ID 权限。大多数集群中的机器能够响应并接受所选的 Leader。

ZooKeeper 和 HBase 的关系是:HBase 内置 ZooKeeper,但也可以使用外部 ZooKeeper。为使 HBase 使用企业现有的且不在 HBase 托管服务范围的 ZooKeeper 集群,需要将 conf/hbase-envsh 文件里的 HBASE_MANAGES_ZK 属性设置为 false,并指明 ZooKeeper 的 host 端口。当

---

❶Chubby:Google 设计的提供粗粒度锁服务的文件系统。

❷Apache:世界使用排名第一的 Web 服务器软件。

❸ZooKeeper:一个分布式的、开放源码的分布式应用程序协调服务软件。

❹Leader:主要负责事务的请求处理与调度等。

❺Paxos:一种基于消息传递的一致性算法。

❻Root:也称为根用户,具有系统中的最高权限。

HBase 托管 ZooKeeper 时，ZooKeeper 集群的启动是 HBase 启动系统脚本的一部分。

2.2.4　非关系型数据库

传统的关系型数据库能够较好地支持结构化数据存储和管理，但网络安全态势感知系统在大数据时代的发展带来大量非结构化数据，使得关系型数据库的使用受到挑战。由于数据模型存在不灵活、数据并发能力差、扩展性和可用性不佳等缺陷，大规模存储的需求和各种类型的非结构化数据的存数需要，已经使得关系型数据库无法得到支持和扩展，进而出现了多种不同于关系型数据库的数据库管理系统设计方式，如近几年来快速流行的 NoSQL 和新兴的 NewSQL 等。

NoSQL 是非关系型数据库的通用术语，它使用的数据模型不同于传统关系型数据库的模型，而是诸如文档、键值、列族之类的非关系型数据模型。NoSQL 并没有完全遵守 ACID[1] 约束，也没有固定表结构，通常不需要连接操作。它能够支持 HadoopMapReduce 风格的编程，在大数据管理方面有很好的应用。当应用场合需要简单的数据模型、较高的数据性能、灵活的扩展系统和较低的数据库一致性时，推荐选择 NoSQL 数据库，因为它具有灵活的横向扩展能力（廉价硬件的堆积）和灵活的数据模型（非关系型数据模型，一个数据元素里可存储多类型数据），并且能与云计算环境很好地融合使用。近几年来，NoSQL（NewSQL 是对各种新的可扩展/高性能数据库的简称）领域迎来了爆炸式发展，目前产生了 150 多个新的数据库，如 HBase 和 MongoDB 就是 NoSQL 类型。

NewSQL 不仅具有 NoSQL 对海量数据的存储管理能力，还保持传统数据库支持 ACID 和 SQL[2] 等特性。NewSQL 是指这样一类新式的关系型数据库管理系统，针对 OLTP[3]（读-写）工作负载，追求提供和 NoSQL 系统相同的扩展性能，且仍然保持 ACID 和 SQL 等特性。

2.3　数据分析

网络安全态势感知系统在数据采集、预处理等提取的基础上，需进一步采取一系列方法和技术，用于解决数据理解和数据分析处理相关问题，其中最关键的是需要进行数据安全检测和网络安全技术人员参与分析。

数据安全检测是指对采集来的数据进行检查，并根据观察到的异常事件和数据，产生告警的过程。此过程通常通过某个软件来完成，这类过程也称为网络安全检测机制。这种检测常常通过一种叫作入侵检测的技术来实现，但也不限于此，还有一些其他方法，如入侵响应、入侵取证等。当已经采集到的安全数据通过预处理和验证，并在其中发现异常时，就会进入这个过程。一旦网络安全检测机制生成告警数据，并且这些数据可以提供给安全人员进行分析，就能够进入数据安全分析环节。

网络安全技术人员参与分析常常发生在需要进行人工调查的阶段，涉及从其他数据源收集更多的调查数据，并据此开展有关研究分析。该环节是网络安全态势感知中最复杂、最耗时的部分。在这一过程中，一个安全事件可能会被升级为安全事故，由网络安全技术人员

[1] ACID：原子性（或称为不可分割性）、一致性、隔离性（又称为独立性）、持久性。

[2] SQL：结构化查询语言。

[3] OLTP：联机事务处理过程。

采取对应的应急响应措施。网络安全技术人员参与分析并非机械化过程,不能单纯靠软件完成,它对网络安全技术人员的能力要求较高,需要安全技术人员的高度参与,且没有统一的、固定的标准,主观性较强。在整个安全分析过程中,网络安全技术人员通过分析采集来的各种信息和经安全检测机制检查后的输出结果,来判断网络和相关资产是否受到损害。

2.3.1 数据分析框架

网络安全态势感知系统通过数据采集,形成静态数据和动态数据两种类型数据资源。此外,按时间跨度还可分为历史数据和实时数据。针对不同类型的数据,计算处理方式需要根据态势感知系统不同数据流进行分类处理。态势感知系统相关的数据处理与数据分析技术,主要包含批量数据处理、交互式数据分析、流式计算、图计算、高级数据查询语言 Pig 等。

1)批量数据处理

批量数据处理(Batch Data Processing)简称批处理,是发展和应用最早,也最为广泛的数据处理技术。以前,批量数据处理最主要的应用场景是传统的 ETL 过程,即数据仓库技术中将数据从来源端经过抽取(Extract)、转换(Transform)、加载(Load)至目的端的过程,往往使用传统的关系型数据库就能完成。但是随着传统数据库扩展性能遭遇瓶颈,出现了大规模并行处理(Massive Parallel Process,MPP)技术,MPP 技术将任务并行分布到多个节点和服务器上,计算所有节点后,汇总得到最终结果。MPP 技术通常用于 TB❶ 级别的数据规模的批量数据处理。然而随着数据量的不断扩大,达到 PB❷ 级时由于 MPP 技术自身架构的限制,也遇到明显的扩展瓶颈,于是又出现了 Hadoop。与 MPP 计算和存储相耦合所不同的是,Hadoop 采用的是计算和存储相分离的设计,计算主要靠 MapReduce❸,而存储采用 HDFS。当然,除了 MapReduce,还可以根据业务需要选择流式计算、图计算等其他计算框架,数据处理灵活度和计算性能也将大幅提升。

MapReduce 是编程模型框架,为 Hadoop 的核心组成部分之一,重点用于处理大规模数据集的并行操作。MapReduce 的主要思想是“分而治之”,自动将一个大的计算拆解成 Map(映射)和 Reduce(化简)的方式,即将复杂的、运行于大规模集群上的、并行计算过程高度抽象到两个函数——Map 和 Reduce 上,无需用户了解分布式系统的底层细节,就可以对并行应用程序进行开发,并将其运行于廉价计算机集群上,从而完成海量数据的处理。

2)交互式数据分析

交互式数据分析通常基于历史数据进行交互式查询,时间跨度在数十秒到数分钟之间,具有低时延、查询范围大、查询条件复杂、并发要求高和支持 SQL 接口等特点。Hadoop 的 MapReduce 解决了大规模数据的批处理问题。但是,随着其日渐流行,由于 Hadoop 提供的 MapReduce 计算接口属于面向技术人员的底层编程接口,不易使用如何在 Hadoop 上构建适合商业智能分析人员使用的便捷交互式查询分析系统成为一个急需解决的问题。因此,多种 SQL-On-Hadoop 系统应运而生,这些支持对大数据进行交互式数据分析的数据仓库受到了广泛关注。根据技术框架和路线的不同,目前大致可将 SQL-On-Hadoop 系统分为四类:

---

❶TB:太字节,计算机存储容量单位。1TB = 1024GB = 2^{40} 字节。

❷PB:拍字节,计算机存储容量单位。1PB = 1024TB = 2^{50} 字节。

❸MapReduce:一种编程模型,用于大规模数据集(大于 1TB)的并行运算。

Hive 系:以 Hive 为代表,直接构建在 Hadoop 分布式系统基础之上的数据仓库,应用最为广泛。

Shark 系:一般是构建在 Spark 大数据平台之上的数据仓库。

Dremel 系:以 Impala❶、Presto❷ 和 PowerDrill❸ 为代表,采用 Dremel❹ 的设计思路,融合了 MPP 并行数据库的设计思想。

混合系:将传统关系型数据库和 Hadoop 进行混合的数据仓库,如 HadoopDB。

其中,虽然 Hive 的性能不是很高,但它是 Hadoop 的子项目,是基于 Hadoop 的数据仓库工具,广泛用于对 Hadoop 文件中的数据集进行数据整理、特殊查询和分析存储,它比传统数据仓库具有更强的处理超大规模数据的能力和更好的容错性。Hive 为 Hadoop 里存储的数据增加了模式(Schema),并提供了类似于关系型数据库 SQL 语言的查询语言——HiveQL,可以快速实现简单的 MapReduce 统计。Hive 自身可以将 HiveQL 语句转换为 MapReduce 任务运行,而不需要再专门开发 MapReduce 应用,因而很适合用来统计并分析网络安全态势感知系统数据仓库。

3)流式计算

如果说批量数据处理以静态数据为对象,可以在非常富余的时间内对海量数据进行批量处理,计算出有价值的信息,那么流式计算则是对源源不断的动态数据(流式数据)进行实时分析处理,从而获得有价值的信息,这在大数据时代很常见。流式数据被处理后,一部分进入数据库成为静态数据,其他部分则直接被丢弃,因而必须采用实时计算以获得实时计算结果。与普通的数据采集系统[一般由采集(Agent)、收集(Collector)和存储(Store)组成]所不同的是,流式计算一般不在 Store 中进行存储,而是直接将采集来的数据发送给流式计算框架。目前已经涌现出众多流计算框架和平台,有商业级的也有开源的,业界最为典型的两款流式计算框架就是 Storm 和 SparkStreaming。

4)图计算

图计算是在实际应用中很常见的计算类别,因为当前有很多数据都是以大规模图或者网络形式呈现,典型的如社交网络。还有许多非图结构的数据常被转换为图模型之后再进行分析处理。对于如何高效处理计算海量图数据,前面介绍的几种计算手段显然难以满足需求,这就催生了图计算框架,Pregel 就是其中最具代表性的解决方案。Pregel 是谷歌公司提出的大规模分布式图计算平台,主要用于解决网页链接分析、社交数据挖掘等实际应用中涉及的大规模分布式计算问题。Pregel 是基于"整体同步并行计算模型"BSP 模型实现的,其通过搭建一套可扩展、有容错机制的平台提供一套灵活的 API(即应用程序接口),用于描述各类图的计算问题。

5)高级数据查询语言 Pig

虽然 MapReduce 为批量数据处理提供了计算框架,但其使用并不容易,耗时耗力。Pig 的出现大大简化了 MapReduce 的工作,为 Hadoop 应用程序提供了一种更接近结构化查询语

❶Impala:一个 Cloudera 公司主导开发的新型查询系统。

❷Presto:一个 Facebook 开发的数据查询引擎。

❸PowerDrill:一个用来分析少量的大数据集时提供更强劲分析性能的系统。

❹Dremel:一个用来管理大量大数据集的数据分析系统。

言(SQL)的接口。简单来说,使用 MapReduce 需要编写一个应用程序,而使用 Pig 则只需写一个简单的脚本就可以了。事实上,Pig 主要用于加载数据、表达转换数据及存储最终结果,也就是常常说的 ETL 过程:对来自不同数据源的数据进行收集,采用 Pig 进行统一加工处理,然后加载到数据仓库中,从而实现对海量数据的分析。

2.3.2 数据人工分析

在数据分析中,网络安全态势感知中非常重要的部分就是网络安全技术人员的积极参与,即人在数据分析过程中依然是核心。在此过程中,网络安全技术人员取得之前检测机制的输出结果,从各种数据资源中采集信息,据此判断网络或者网络所存储的信息是否受到损害。安全分析的方法多种多样,很大程度上依赖于网络安全技术人员的经验和知识积累。计算机的处理过程高度浓缩起来就是输入、处理和输出,事实上安全分析流程也大致如此。安全分析过程的输入通常为入侵检测系统告警或者能引起分析人员注意的异常事件,输出则为事件是否发生的结论,中间的处理环节也就是需要人工进行安全分析的过程。安全分析最常见的有以下两种方法:

1)关联调查

因为网络安全中对事件的分析过程和方法与刑侦人员对犯罪事件的调查过程极为相似,因此这一过程称作调查,安全分析方法中最重要的就是关联调查。就像人与人之间存在人际关系网,事件与事件之间也会存在种种联系,采取一个行动常常会引发另一个行动,尤其是采用网络攻击杀伤链模式的攻击活动,这种联系就更为密切。通过对各种可疑数据进行关联,调查其深度的攻击过程,绘制其关系网,就能够一览安全事件的全貌。关联调查的流程大体上可分为四步:

(1)明确主要对象,开展初步调查:网络安全技术人员应当首先明确所涉及的主要对象,并确定是否值得进一步开展调查。从种种告警数据产生的事件通知中,网络安全技术人员通过分析这些事件涉及的计算机和告警的性质,判断出是否值得进一步开展调查(包括分析告警的规则和检测机制),判断是否出现误报等。一旦聚焦清楚,就可以开始收集相关证据,进行接下来的步骤。

(2)追踪过往关系,调查当前接触情况:一旦明确主要对象,就可以调查对象之间的关系。这包括追踪攻击方计算机和受保护计算机的过往通信情况,以及调查当前正在接触的情况。网络安全技术人员将多方位提取事件源,全面调查与初始告警有关的各种通信数据,从而确定是否发生了安全事件。一般来说,很多安全事件到此就能被分析出来,但如果不能对事件明确判定,或者无法做出具体决策,那么还需要继续执行下一步骤。

(3)调查次要对象及其关系:有时在调查过程中会将其他一些次要对象牵扯进来,网络安全技术人员有必要将次要对象与主要对象之间的关系弄清楚,以揭示具有可疑通信行为的其他资源。具体调查方法同上一步骤。

(4)层层深入调查对象和关系:随着调查的展开,网络安全技术人员可能需要对调查对象进行反复分析、层层递进式推导,彻底查明每个层次上发生的情况,全面评估各个对象和各种关系,从而准确描述对象之间关系以及恶意行为发生的原因、意图,甚至预测其下一步发展趋势。

2)鉴别诊断

网络安全分析人员需要对多个不同数据源的数据进行综合分析,理解不同检测机制发出的告警事件,进而形成对网络安全事件发生与否的判断。这一过程非常像医生对病人的病情进行诊断,二者的相同之处在于:通过鉴别诊断,弄清楚不好的事情是否已经发生,以及事情是否仍在继续当中。诊断方法分为两种,即告警清单法和清单排序法。

(1)告警清单法

告警清单法是指鉴定并列出告警清单。在事件发生的早期,会有各种检测机制或检测系统生成的告警提示,网络安全技术人员需要鉴定这些提示并列出告警清单,这个清单内容可能会随着时间的推移不断增加。

优先考虑最为常规的诊断结果,并对其进行评估:有时直觉很重要,网络安全技术人员应当根据经验和知识快速确定将哪种诊断结果作为最有可能的调查结论,而往往最为常规的诊断结果恰恰就是正确的结果。因此,应当优先考虑最为常规的诊断结果,并对其进行评估。

根据评估信息,列出可能的诊断结果:在评估完诊断结果后,网络安全技术人员可以列出所有可能的诊断结果。虽然上一个步骤已经找出最为常规、最有可能的结果,但不代表就可以停止评估,因此还要持续分析,将安全人员能想到的所有可能结果加以罗列。

(2)清单排序法

清单排序法是指根据严重程度为候选结果清单排序。在所有可能的候选结果清单建立完成后,网络安全技术人员应当按照对所保护资产构成威胁的严重程度(每个组织标准不同,应根据实际情况确定排序标准),将清单上的结果进行排序。

筛选候选结果,进一步排查聚焦:网络安全技术人员根据上一步骤的清单排序结果,并结合更多数据源的数据进行测试、研究和调查,进一步排查相关度、影响度较低的结果,最后聚焦到关联度最高、可能性最大的事件上。

上述两种方法为网络安全技术人员分析提供了通用的过程手段,网络安全技术人员具体采用何种手段并没有固定的标准,关键取决于当前的应用场景和安全人员动手能力水平。一般来说,关联调查的方法较适合复杂场景,而鉴别诊断方法更适合相对简单的应用场景。前者需要持续跟踪多个事件及其关系,而后者重点针对某几个事件进行深度人工鉴定。在实际动手分析过程中,网络安全技术人员不需要生搬硬套各种分析方法,仅将上述内容作为参考即可,应根据实际情况灵活应用,根据环境变化而不断修正,只要是合适的方法都可以“借”来用,这在安全分析中才是最关键的。而网络安全态势感知系统则需要对于两种工作方式均予以有效的支撑。

此外,由于数据包中包含大量有价值的信息,对数据包进行分析是安全分析过程中经常会遇到的场景,也是网络安全技术人员必备的技能之一,网络安全态势感知系统一般会提供多种形式的数据包分析工具,同时大量的开源工具也能够给分析工作提供有效的支持。数据包分析包括分析数据包使用哪些协议,按照关键字对数据包中的内容进行搜索,或者从数据包中提取出一些文件等。但现实的挑战是多种多样的,如不是所有的协议信息、数据包内容都能被恢复出来,数据包可能在通信过程中出错或被截断,数据包内容也许被不同层次的协议进行了加密或者采用私有协议,数据包数量巨大难以下手等。幸运的是数据包分析工具越来越强大,一个训练有素的网络安全技术人员通常会掌握多种不同的分析工具和分析技巧,以根据现场情况选择合适的工具来完成任务。

2.4 态势指标

网络安全态势能够直观地反映网络运行情况,利用数据采集模块收集被监测网络上的原始安全数据,客观结合态势指标体系,将预处理后的标准化数据进行态势评估和计算,最终以数值或者图表等可视化手段反映网络运行状况。指标的选取能够反映安全管理员的评估角度和决策思路,也直接影响最终评估结果与所建体系的普适性。因此,指标的选取对整个体系的构建起到至关重要的作用。态势指标是描述目标网络安全属性的元素,也是态势指数计算的依据,一般由多个元素构成。态势指标的构建是整个态势提取的重要步骤,是态势理解和预测评估的依据。

从各类影响网络安全态势的指标中,选取包含典型数据的指标作为数据源,为利用态势指标理解和评估企业提供有力支撑。态势指标管理体系能够实现全面反映网络信息安全特性,它的各项指标具有内在的逻辑关联,相互依存,相互补充,从而反映目标网络的整体态势。因此该体系可用来评价各种不同规模的网络。

为了精准描述网络态势,从各类设备采集的安全事件和数据中选取指标来量化网络安全状况,使安全管理人员更加直观地知悉当前网络情况;难点在于,如何从复杂冗余的信息中提取合理的指标并进行标准化,这就需要企业安全管理人员在实践中根据实际业务需求不断探索,优化指标提取规则。

2.4.1 指标体系分类

网络安全态势感知的过程非常复杂,涉及众多不同类别的评估指标。正确划分与提取各类指标,才能准确进行态势评估。依据指标类型的不同,可将其分成以下几种:

1)定性指标和定量指标

定性指标,又称为主观指标,即评估者主观上对评估目标的意见;定量指标,又称为客观指标,即有确定的数值属性,要求原始数据真实完善,不同对象之间能够量化对比。在态势感知过程中,需要先将定量指标进行标准化处理,以免对多指标情况的综合处理产生影响。

2)总体指标和分类指标

总体指标需要与态势计算、评估的模型及态势基础框架结合起来,从而体现企业网络安全状况的一般特性;分类指标则需要深入解析各类业务系统,明确不同系统的差别。

3)描述性指标和分析性指标

描述性指标综合统计描述网络安全态势的基本数据,反映系统基本运行状态;分析性指标能够知悉安全风险的存在及发展态势,反映各评估因子的内部关联性。

4)效益型指标和成本型指标

效益型指标和成本型指标都是以单项指标对整体系统的影响作为区分标准。效益型指标的单项指标属性值与网络安全状态成正比,属性值越高代表安全状态越好;成本性指标的单项指标属性值则与安全状态成反比。

网络安全指标的选取对态势的提取和理解有着至关重要的作用。安全管理人员可从自身主观角度评估态势，提取态势指标结合所选取的网络安全态势计算模型的适用范围，来进行综合考量。安全管理人员根据现有态势指标体系研究基础和网络安全态势感知应用实际情况，需要重点分析定性与定量两大类指标类型。

(1)定性指标

定性指标要求安全管理人员有一定的安全运营知识量和经验。网络安全态势的定性评估采用复现或模拟网络行为的方法进行评估，直观呈现出可视化图形结果。在采集的实时网络状态监控数据方面，态势评估结果往往会有很好的实时性，相比定量指标给出具体计算出来的网络安全态势值，定性指标一般会形成可视化图形，展现网络安全态势的变化过程，而安全管理人员需要根据自身经验和知识积累做出一定的人工判断。

(2)定量指标

在态势评估过程中，若采用定量指标，则最终的评估结果将呈现具体数值，如安全系数值、网络节点权重、理论威胁度、网络性能监控数据等。这些数值的不同反映出网络面临不同的安全风险和隐患。

根据所选取指标侧重点的不同，常常把定量的安全态势指标划分为基于安全风险的态势评估指标和基于网络与主机性能的态势评估指标两种。

①基于安全风险的态势评估指标。

这一指标能够体现出态势评估通用方法，先把网络结构划分为不同层次，然后对采集到的信息数据(如日志信息、网络攻击、漏洞信息等)进行预处理和定量计算，从而得出反映当前安全状况的量化数据。该指标重点包含攻击威胁度、主机脆弱性、漏洞利用相关数据，侧重评估受到严重威胁的网络。在这种指标体系中，态势评估的目标是综合各类数据，建立数学模型，得出可视化展示结果和相应态势值。

②基于网络与主机性能的态势评估指标。

这一指标包含主机使用率、网络端口流量、网络负载状况与主机内存使用率等，侧重于评估网络节点和网络本身性能。大多数索引数据源是常规的网络监控系统或检测系统，这些数据将被安全设备捕获和收集，并且使用所获得的日志记录系统统计数据收集和分析网络攻击态势的发展趋势。由于使用这种类型的索引数据时，大量的数据将实时被收集，同时收集处理过程复杂化和实时性要求，加上太多数据的评价指标，使得系统在实现起来较为复杂。这对日志审计中的日志系统获取网络业务流数据的收集和处理提出了很高的要求，但目前审计系统的审核规则过于简单，对网络事件中的网络攻击数据日志深层次挖掘能力较低，不能满足网络安全状况的实时数据源请求的要求。

由于网络环境的复杂性，以及网络安全态势定义的综合性和宏观性，若仅使用一种指标体系可能会影响评估的准确性，结合使用这两种指标体系是目前的发展趋势。电子科技大学王娟、张凤荔等人对这一趋势提出了分层指标模型及 25 个候选指标，在选取指标时综合考虑了不同网络层次、多个信息来源及多用户需求，提炼出 4 种代表宏观网络特性的二级综合性指标：脆弱性、容灾性、威胁性与稳定性，如表 2-2 所示。

二级综合性指标 表 2-2

评估指标	分类依据
脆弱性	网络拓扑、关键设备漏洞等级与数目、网络漏洞等级与数目、子网中安全设备数量、子网中所有关键设备开放的端口总量、子网中各关键设备的操作系统及其提供服务的版本与类型
容灾性	网络拓扑、网络带宽、子网内主要服务器支持的并发线程数、子网中安全设备数量、子网中各关键设备的操作系统及其提供服务的版本与类型、子网中各关键设备访问主流安全网站的频率
威胁性	报警数目、子网中安全事件历史发生频率、子网的带宽使用率、子网中不同协议的数据包分布、流入子网数据包源 IP 分布、子网中不同大小的数据包分布、子网中各关键设备提供服务的版本与类型、子网数据流入量及其增长率
稳定性	子网数据流总量、子网流量变化率、子网平均无故障时间、子网中存活关键设备数量、子网中关键设备平均存活时长、子网中不同协议的数据包分布的比值变化率、流出子网数据包目的 IP 分布

可以看出，每一种指标都有自己的侧重点，无论采取哪一个单项指标，都无法全面描述网络安全态势。因此，综合两类指标体系才是未来态势指标的主流趋势。

2.4.2 指标体系检验

网络安全态势指标体系的构建并没有统一的标准，需要结合安全管理员的实际应用来选取适合的指标。在理论上合理构建的指标体系，在实际应用时，指标之间可能存在相似或矛盾的地方，问题就会暴露出来。因此，通过前期分析和实际应用，需要合理进行针对关键指标的可行性、冗余度、可靠性、可扩展性等方面的测试工作，从而使指标体系在应用过程中准确有效地反映网络的整体安全状态。

1）可行性检验

可行性检验的对象是基于被检测服务器对象的各类指标体系中，各类指标的单项初始化数据内容；可行性检测的目的是确认这些对象的获取难度和准确性。若指标过于理想化，就难以进行实际度量和检测，接下来的评估工作就受到阻碍，导致下一步的态势评估工作没有办法继续运行。这是由于所提取的各类指标，在没有与实际业务环境映射的情况下，其所分析出的态势感知预测报告没有实际意义和价值。经过可行性检验后，确定指标数据计算是按照实际业务流程处理的，其界定的计算能力是在实际范围之内的，同时此类态势感知的指标可以进行一定的数学变换，最终形成符合实际业务的态势感知系统。

2）冗余度检验

冗余度检验的目的是针对各单项指标在整体态势分析系统中，各类计算的重复度检验。若指标之间有大量交叉重复内容，即存在冗余现象，就相当于加大了这一影响因子的权重，使得评估结果可信度降低。因此要尽量减少冗余部分的影响。常用方法是修正指标权重、分离重复指标等。

3）可靠性分析

可靠性分析是在验证可复制的框架下，在不同时间和空间的环境下，具体分析指标方案适应指标框架的程度。在合理的指标系统中，相同的网络情况下，使用相同的方法和数据，评价结果应该是相同的。分析方法主要有对分法、前侧-后侧方法。对分法是将指标体系中所涉及的检测条目随机分成两组，比较两组的结果，如果得到的评估结果相一致，就表明评估具有较好的可靠性；前侧-后侧方法是对同一指标体系进行相互独立的两次测试，来比较结果的稳定程度。

4)可扩展性分析

网络安全事件的类型不断演变,根本原因是网络攻击手段的不断发展变化,具体攻击事件在攻击方式、攻击效果等方面也存在差异,因此指标体系也必须随着攻击的变化而不断调整。通常情况下,关于安全事件的主要类别基本不变,但各子类调整较多,即指标框架在一、二级指标上是相对比较稳定的,基础层指标则可以根据评估者对网络信息安全和网络系统安全事件的理解能力不同而进行分析调整。因此,网络安全态势指标体系的可扩展性主要在不影响指标框架的完整性和指标计算方法的情况下,修订第三级和第四级指标内容。

2.4.3 指标提取原则

网络安全中所提到的态势指标体系,它的目标是建立一个以指标为元素的树状层次结构,用来描述整体网络安全态势。首先,选取态势指标一定可以覆盖到整个网络安全态势感知系统中的核心因素,态势感知结果可以将网络安全中最真实的现状如实反映出来;其次,随着态势指标范围的不断扩大、数量不断增加,确定指标的顺序及其优先级会变得十分不容易,计算和处理建模的过程同样也会变得十分复杂,这样会使该系统的本质特征变得逐渐"扭曲"。所以,在提取指标时,一定要遵循一些原则,采用最适用的步骤和方式,反复进行计算和分析,综合权衡和归纳,这样才可以搭建出合理的态势指标体系。具体原则如下:

(1)科学性原则

态势指标的提取必须以科学理论为指导,指标的概念一定是非常明确的,它能够反映和度量网络动态的实时变化特征。各指标的计算方法、指标范围、代表性、数据收集等都一定要有科学依据,一定是以系统本质和它的内部要素相关联为依据,可以综合运用定量和定性的方法,从而正确反映网络中存在或潜在的威胁,以及实时的整体状态。

(2)完备性原则

由于指标的选取受网络影响的因素有很多,因此除科学性原则外,还必须遵循完备性原则,需要尽可能全面地将对网络安全产生影响的要素纳入指标体系,如网络可用性、机密性、完整性、脆弱和漏洞性,乃至网络中的潜在威胁、网络流量等,完备性的指标体系才能完整、有效反映网络安全的本质特征和整体性能。

(3)独立性原则

态势指标体系中,各指标不可避免地具有相关性,各指标之间存在信息上的重叠。因此在提取指标时,需要尽可能选择那些独立性强的指标,减少指标之间关联性造成的评估不准确。只有将所有的安全状态分化成多个独立的特征来描述,同时使用相对应的指标分别进行评估和计算,才有可能保证指标可以以不同角度来反映实际的网络安全状态。

(4)主成分性原则

主成分含量高的"大指标"数值变化往往能较为宏观地反映网络安全状态的实际变化,所以在设置指标时,应尽量选择那些代表性强的综合指标。

(5)可操作性原则

态势指标的提取,一定要符合实际应用中态势感知工作所需要的条件,一定要易于和便于测评与操作,也要便于收集这些指标所需求的支撑数据。态势指标体系中的数据来源必须可信、可控、准确和可靠。对于那些难以收集的数据。应当进行估算并寻找替代指标。

(6)可配置性原则

安全管理员在应用过程中需要不断完善指标体系,以实现维护网络安全环境的目标。因此建立指标体系应能够配置灵活扩展的网络指标体系,该指标体系能够不断实现自我修正和自我完善。

(7)单调性、敏感性等指数原则

提取的网络安全态势指标应具有指数特征,能够说明网络真实的安全状态,同时能够及时展现出安全状态的实时变化情况,保证指标的指数变化与网络总体中安全态势的变化相一致。

在具体指标体系实现中,还需考虑以下因素:

(1)从发展性和通用性考虑

提取的网络安全态势指标用于衡量一个指标体系,能够应用在不同评估指标体系和不同层次及范围,无论是单一的安全风险控制的网络、系统,还是企业关键信息基础设施等都能通过这些指标进行衡量。与此同时,态势指标还应该是可发展的,可以直接根据在网络中具体的情况来选择相应的应用和调整。

(2)定量与定性相结合

态势指数提取是一个非常复杂的过程。如果只依靠定量指标进行评价和计算,在实际情况下,必然会与安全状态变化的过程存在差异。因此,在评估过程中,需要增加一些安全管理员的人为经验因素,对评估和计算结果起到调节作用,提高评估和计算结果的准确性。因此,只有将定性指标和定量指标相结合,才能全面、客观地选择合适的情况指标。情况指标体系建设指标如表 2-3 所示。

情况指标体系建设指标 表 2-3

指 标 类	说 明
网元信息	包括报库主机的存活数目、操作系统的版本及在子网中占有的比例、不同的开放端口所对应的主机数目等
流量信息	主要包括的要素有:数据流入的增长率,数据源的 IP 地址分布,数据流的总量,以及访问主流安全平台网站的频率等
报警信息	指网络安全攻击的日志文件信息内容
漏洞信息	网络中的漏洞及子网中每个主机的漏洞等
静态配置信息	子网中安全设备的数量、网络拓扑等

以上分析为网络安全态势指标选取提供了参考,同时,国内外科学研究者也进行了大量研究工作,以电子科技大学王娟、张凤荔等为代表的一批学者就提出了态势指标体系,包括网络安全性指标中的 26 种不同的态势指标,层次清晰、覆盖全面、参考性强。该套指标通过对比各类态势影响因素,能够覆盖到网络的不同层次、不同数据源和不同用户,选取的常用网络安全态势指标如表 2-4 所示。

常用网络安全态势指标　　表 2-4

序号	名　称	序号	名　称
1	网络漏洞数量和它们的等级	14	子网中数据的流入大小
2	关键设备漏洞数目及等级	15	流入子网中的数据量增长率
3	拓扑结构	16	协议数据包
4	网速	17	数据流量包
5	报警频次	18	流入 IP 数据包
6	子网中安全设备个数	19	子网中关键设备存活的平均时间
7	子网中各个关键设备所提供的服务版本和它们的种类	20	子网中流量的变化率
8	子网中各个关键设备所负载的操作系统版本和它们的类型	21	子网内不同协议数据包分布比值的变化率
9	子网内各关键设备开放端口的总量	22	子网内不同大小数据包分布比值的变化率
10	子网内各关键设备访问主流安全网站的频率	23	子网数据流总量
11	子网内主要服务器支持的并发线程数	24	从子网中流出的数据包目的 IP 分布
12	子网带宽的使用率	25	平均子网的无故障时间
13	子网内安全事件历史发生频率	26	其他

2.4.4　指标体系构建

态势指标的分类实现后，态势指标体系在构建网络安全中的重要性就显得尤为突出。

1）构建原则

包括分层分类原则、相近相似原则、动静结合原则，具体原则如下。

（1）分层分类原则：网络安全态势指标必须是层次化的，有些是相对于大规模的宏观性或局部性的网络指标，这两者在处理和收集的过程中存在较大差别，因此需要针对不同层次进行分类。

（2）相近相似原则：对于大规模的网络，由于其影响因素众多，还应考虑一些近似的、交叉的和交互的因素，如数据包的分布。

（3）动静结合原则：动静结合原则主要针对指标本身的特性，例如网络拓扑结构一般在一定时间内是稳定不变的，属于静态指标；而网络流量数据则是时刻都在变化，需要态势感知平台进行实时收集，是典型的动态指标。动态指标和静态指标的特性完全不同，应当区别对待，选择与自身特性相近的指标组合。

网络安全状态通常通过网络系统中的基础运行情况、威胁程度、脆弱性及风险程度四方面的性质来进行总结性地描述。这四个维度可以基本覆盖网络信息化的主要部分，并较为全面反映网络安全实时状态。为了更加客观地描述网络安全态势，还应该对各子维态势的指标进行量化，用指数或指标来进行描述。

2)基础运行维度指标

通过采集窗口化系统中的运行数据,最终得到经过分析和量化评估后的响应数据,进而得出目前网络的安全指标所反映出的安全状态。根据关注的点不同,基础运行维度指标可以有不同的选择和组合。

由于网络安全管理员自身技术能力有强弱之分,因此其关注的网络系统防范的关注点势必也有很大的差异性,特别是对于那些从未出现或发生过的网络安全事件,对于具有一般能力的安全管理员往往因选择性疏忽而造成没有及时进行防护的安全隐患。因此,在选择基础运行维度指标时,针对上述的隐患需要确立全面的防护体系,以确保一旦发生网络入侵行为时,网络软硬件设备对安全事件具有一定的抵抗能力,可以确保攻击事件发生后网络系统可以继续正常工作。可以选择一个一级指标——运行维度指标,用于反映网络运行态势;三个二级指标——主机节点、网络设备节点和服务器节点,用于反映网络节点及自身服务的好坏;以及一系列三级指标,采用硬盘空间使用率、内存使用率和 CPU 使用率等作为运行维度态势的基层指标。如图 2-2 所示。

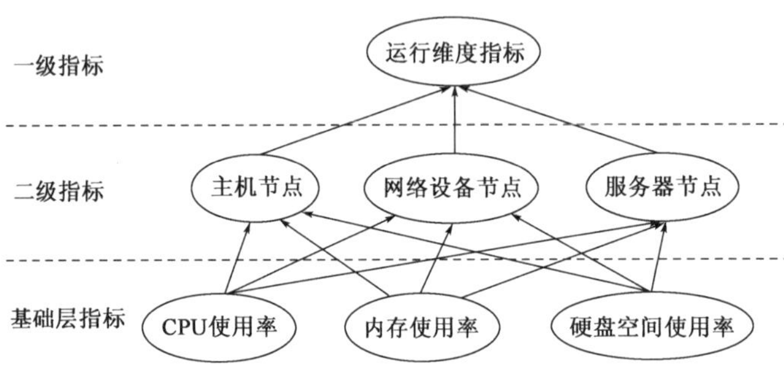

图 2-2 基础运行维度指标层级图

3)脆弱性维度指标

因为计算机硬软件具有高度的复杂性,在开发、设计、维护、编译等每个阶段,都可能产生安全漏洞。脆弱性维度指标表示现有的网络可以被攻击者利用,来造成危害网络安全的安全漏洞,这一漏洞可能造成的严重性是衡量脆弱性的关键指标。当提取网络脆弱性不同维度的指标参数时,根据具体网络中已经部署的漏洞扫描安全设备所形成的报告,显示具体的漏洞扫描结果,并将未修补漏洞的数量统计信息、漏洞危险级进行度量,以漏洞可能造成的危害程度进行排序。其中,选择漏洞扫描安全设备类型至关重要,应尽量选择标准设备的漏洞扫描功能,并尽可能兼容关键网络设备和操作系统。网络漏洞扫描系统需要定时进行信息报告,反馈漏洞扫描进程、覆盖范围和漏洞扫描检测到的网络攻击事件。

与进行基础运行维度指标提取方法类似,仍然可以采用由抽象到具体的方法来抽取脆弱性维度指标。例如,可以用组成主机节点及部署在主机上的服务来衡量企业网络的脆弱性,进一步来说,可根据漏洞扫描设备上报的事件来定量评价。因此一级指标应为脆弱性维度指标,二级指标应为主机节点、网络设备节点和服务器节点的脆弱性态势,而漏洞扫描设备上报的漏洞事件为基础层指标,如图 2-3 所示。当然,如果对漏洞的具体描述性信息更加关注,也可以将攻击途径、难度及攻击效果、漏洞数量、防范代价等常见的漏洞库属性描述字段作为基础层指标,进而对脆弱性进行评价。

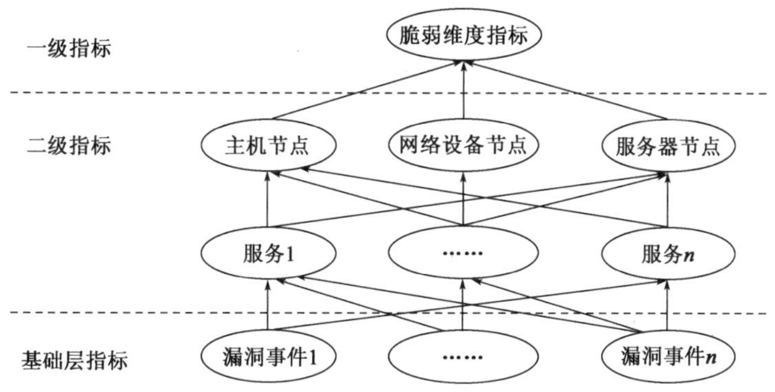

图 2-3　脆弱性维度指标层级图

4)风险维度指标

风险维度指标指的是通过收集一段时间内网络空间中出现的网络安全攻击事件,并针对这些事件进行量化评估,分析危害等级及发生频率,经综合计算得出的数值。

安全事件的评价与漏洞不同,没有统一的评价指标,但是对攻击事件分类的相关研究已经较为成熟。在提取网络风险维度指标时,通常根据部署的入侵检测设备报告的网络安全攻击结论,统计攻击事件频次和风险级别,以获取网络安全风险维度。网络攻击主要是对网络设备和服务器的脆弱漏洞实施攻击,破坏主机和服务的安全,进而影响整个网络的安全性。按照指标提取的可操作性等标准,将风险维度指标定为第一级,将主机、网络设备节点和服务器的风险维度指标定为第二级,将部署于网络中的安全设备监测到的攻击事件定为第三级,如图 2-4 所示。其中三级指标还可以进一步细分,一般来说,攻击事件是基于网络应用程序特征按照某种分类进行的攻击。一般情况下每种类型的攻击破坏的安全特征相对集中,可能只破坏一种或者几种安全机制,而实际上不影响大量其他安全特征。因此,参考单一属性的分类方法,结合每种攻击的特征及目标网络遭受攻击前后态势的变化,还可以通过攻击效果来对攻击事件进行分类,分别提取每种攻击类型的评估指标,进一步度量每种攻击造成的网络安全属性的变化。

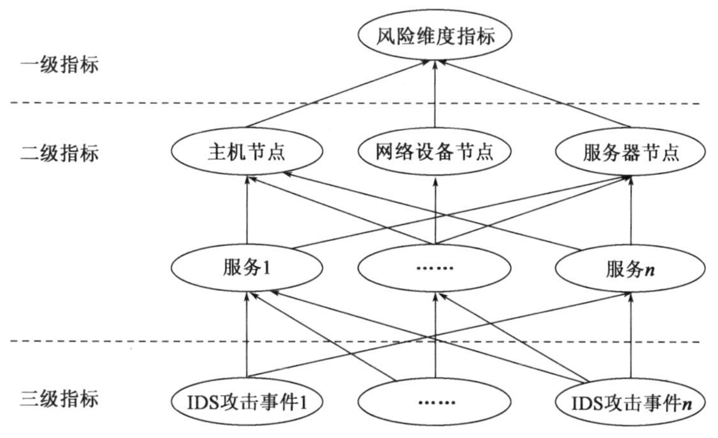

图 2-4　风险维度指标层级图

5)威胁维度指标

威胁维度指标指的是收集一定时间内因设备运行或用户违规操作造成的安全事件,并对这些事件进行量化评估,经计算得出的数值。

威胁维度指标用于评估因系统异常运行或用户操作导致的设备上各种类型的报警事件,如空策略、用户行为不当导致的告警事件。可以按照指标提取的可操作性等标准,将网络威胁维度指标定为第一级,将主机节点、网络设备和服务器的威胁维度指标定为第二级,而因系统异常运行或用户操作导致的各类报警事件定为基础层指标。

需要注意的是,风险维度指标和威胁维度指标很容易混淆,它们都是数据安全事故的典型来源。主要的区别是,威胁维度指标是按照威胁到整个网络系统潜在的网络攻击(即低度威胁事件)的水平进行衡量。这些低度威胁事件在网络安全管理系统中仅存在警报指标,但它们的存在并不一定在网络上造成严重影响;风险维度指标是按照网络安全事故的网络系统安全水平和受到威胁程度影响(风险事件的较高水平),经过预处理将分配给新网络安全设备不同的风险值数据,如果该值达到一定值,将直接触发警报。这些警报是安全事故中典型的风险较高情况下的触发,对安全整体态势的影响更大。

6)综合指标体系和指数划分

可以根据实际需要,在不同维度选取多种类型指标来构建一个完整的层次化的网络安全态势综合指标体系。

网络安全状况指标体系结合网络运行状况和网络安全设备情况,按照网络节点和安全事件不同指标并最终生成网络安全态势综合指数。该综合指数可以反映网络的整体安全状况,并通过多维子态势反映出来。可以参考国内外对于指数等级划分的法律、法规、办法,设计合适的网络安全态势指数等级,通过等级划分实现对网络安全态势指数定性划分。

当然,除了上述常见的指标体系构建方法之外,还有一些其他的构建方法。例如,哈尔滨工程大学的张兴园、赵兴峰等人研究出多层联合的面向服务网络安全态势评估体系,该体系通过提取链路层、网络层、传输层等多层面指标,去评估网络多层组合态势。显然,该体系与单层态势指标体系相比,覆盖面更加全面,精确性更高。综合指标体系层级图如图 2-5 所示。

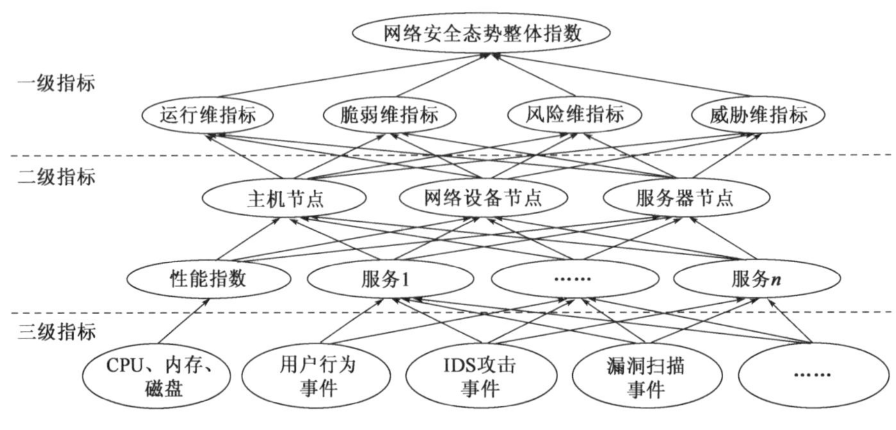

图 2-5 综合指标体系层级图

2.5　态势评估

态势评估是整个网络安全态势感知过程的关键步骤和核心环节，并占据重要地位。网络安全态势评估是指通过对网络安全设备产生和收集的安全数据和事件进行实时提取、汇总、过滤和关联分析，基于安全指标建立相应的数学模型，对整体网络环境进行评估，分析网络何时会受到攻击，动态反映网络的运行情况和安全状况。有时态势评估的含义也可以延伸成运用数据挖掘有关算法，对历史数据进行离线分析，预测未来安全趋势。

评估出安全事件对网络的影响后，就要对未来的网络安全态势进行预测，从而及时选取安全防范手段，所以也可以将二者一起归为态势评估。但实际上，评估和预测用的模型算法和方法是有差异的，在此更倾向于将态势预测分离出来，将态势评估聚焦在计算和评价。

网络中潜在威胁的影响和安全隐患的严重程度都能够由态势评估及时发现与评估，这就帮助管理人员尽早了解当前网络态势，从而对将来可能发生的网络攻击做出充分预估，采取相应防御措施，有效保护网络安全。网络安全态势评估的重要作用就是明确当前网络状况，为实施防护措施提供有力支持。

目前态势评估并没有一个完整的理论支撑，仍是态势感知领域的难点。态势评估领域的研究还处于百家争鸣的时期，评估方法和衡量标准并不统一，并未达成共识。态势评估的过程是先对收集的原始事件进行预处理操作（关联分析、特征提取等），然后运用合适的算法搭建数学模型，基于已有的评估指标体系给出量化结果，即安全态势值。这一数值的变化对应网络安全状况的变化。网络安全管理人员通过态势值变化优化或升级相应的安全措施，从而应对网络态势变化。显然整个过程涉及庞大的数据量和复杂的算法，很容易发生数据冗余与事件虚报的问题，因此经常需要进行数据预处理和分析。还有一个很重要的部分就是对态势指数（指标）的计算，这主要涉及权重的确定。权重指的是相关影响因素对评估目标的影响程度的量化。权重越高，表明该因素的影响越大，反之影响程度较小。目前有三种通用的确定权重方法：排序归一法、基于概率和知识推理的方法、基于模式分类的方法。

1）排序归一法

排序归一法简而言之就是先根据网络安全管理人员的经验，对相关因素的影响程度排序，再对初次排序进行归一化，得到最终权重值，网络安全管理人员通过经验判断，并分析评估目标相关因素，按照事件紧要程度排序，对排序结果进行权重向量处理。

2）基于概率和知识推理的方法

它主要利用证据理论和模糊理论等处理随机性的安全事件。从实际应用来看，这种方式获取知识的途径很单一，主要依靠专家知识库和机器学习，具有一定的局限性。它的缺点是大量的知识和规则会占据很大的内存空间，并且推理过程会变得越来越复杂，在大规模的网络里用来评估并不合适。

3）基于模式分类的方法

以聚类分析、粗糙集、灰色关联分析、神经网络和支持向量机等为代表，使用训练的方式建立模型，基于分类模式去评估网络安全态势。这个方法的优点就是学习能力强，模型建立得较为准确；缺点是计算量过大，如神经网络、粗糙集等建模时间很长，并且特征数量较多，不易于理解，所以在实时性需求高的网络里并不能获得完美的应用。

综上所述,每种评估方法都有其优点和适用场合,但也有一定的缺点,应当根据实际态势感知所需要的条件,选取相对应的评估手段和方法。

在态势感知的多个阶段(如预处理、指标构建和态势评估)中都会涉及数据融合技术的应用,这里着重对态势评估中常用的融合方法进行说明和梳理。网络安全方面的态势评估不是研究单一方面的安全事件,而是从宏观角度出发考虑整体的网络安全状态,从而得到网络安全方面的综合评估。

态势评估技术通过采集全网各类安全对象的属性、运行状态、日志告警、安全事件、评估与检测数据及第三方威胁情报数据,利用大数据治理及分析技术进行萃取、转化、加载,分别从安全管理、安全防护技术、安全运维等维度建立对应的数据主题库,同时建立网络安全态势综合评价模型,分别从安全管理、安全技术、安全运维等维度对全网的安全态势进行综合评估,以打分形式向管理者直观展现当前的整体网络安全态势,全面掌控当前安全状况和所有区域威胁程度,实现对整个攻击威胁的清晰认知,可以及时进行预警,并进行快速、准确响应和研判。

2.6 态势预测

网络安全态势预测是网络安全态势感知中的重要支撑手段,是由被动防御向主动防御转变的重要体现。利用网络安全态势预测技术,能够根据当前已检测到的报警信息预测未来即将发生的攻击行为,通过建立动态的响应机制,实现以检测、预测、响应、防护为主动防御架构,为网络系统安全提供主动、实时、动态、快速的安全屏障。

网络安全态势感知的预测可以按照它的当前状态和历史上的信息,对未来一段时间的网络的发展趋势和状态进行预测。其预测能力即为态势感知的基础目标之一。因为网络攻击具备不确定性和随机性,所以网络安全态势感知的变化是一个十分复杂的非线性的过程,采用传统预测的模型难度很大,越来越多的研究正尝试通过人工智能技术实现安全态势预测。

网络安全态势预测技术可以分析网络安全处理过程中大数据的历史资料、现状,以及网络安全运营团队主观经验和教训,对未来网络安全状态进行预计和推测。经由网络安全态势感知数据分析,可以对一些未知的或不确定的安全事件威胁做出定量或者定性的描述,并归纳出预警策略和发展趋势,从而实现从未知到已知的分析、决策、处置和闭环管理。

网络安全态势预测技术的实现包含以下三个关键点:

(1)使用历史上发生的安全事件的情况、专家知识库、当前网络所在的状况、威胁情报库,以及实时发生的网络攻击等多源的与安全相关的信息。

(2)依据多源的异构信息,经过特定的融合方式去预测网络安全趋势的未来。预测的结果包括网络风险、网络运行影响状态或网络安全威胁。

(3)在网络安全的态势感知用户使用场景中,预测的聚焦关注点、预测的目标、预测的期限和内容、预测的对象都不相同,于是形成了各种各样的预测方法,总体可分为定量分析预测和定性预测判断两种类别。

①定量分析预测。

定量分析预测利用数学工具,采用统计数据理论,深入分析网络安全事件的预测之间的因果关系。事实上,分析和预测的方法种类和数量是非常大的,如回归分析和趋势外推等方法。当前分析的趋势外推法也被称为事件序列法,它是基于当前数据和历史数据预测而得出的未来事态发展趋势。例如,可以通过趋势外推模型,按照具体网络攻击事件发生的时间顺序和发生条件,形成有针对性的趋势外推模型,研判并分析事态的发展规律性。趋势外推预测是定时的一种统计学技术,根据该事件的时间序列,统计信息被按照时间序列进行排序从而获得一串数字,这就是数字时间序列串。针对预测过程中可能发生的变化目标不同,研究和预测时间之间的发展关系和时间的推移对其产生的影响,并进行算法优化处理。

②定性预测判断。

如果没有得到充分的数据或这些数据可能不具备利用价值时,则只能凭借直观分析所得出的数据,依靠个人经验和分析问题能力进行研究,对未来发展趋势做出预测,即为定性判断预测控制技术。定性判断预测网络技术可以划分为判断分析法、专家评估法、市场经济调查法、类推法、比拟法等。这些划分不是绝对的,一个具体的企业实际需求预测场景通常都是需要各种预测形式的随机组合,具体的预测方法需要根据企业具体业务处理流程使用。常用的预测管理方法有多种,每项预测方法各有利弊,态势预测的关键是选择合适的数学理论模型结构以及结合定性因素分析处理方法。各种预测方法的局限性或缺陷造成在实践中经常同时能够使用多种预测手段来相互印证。需要强调的是,要以定性分析为发展趋势的依据,定量结果分析为手段,使得定性预测和定量预测相结合。

现有的网络安全态势预测理论及方法主要包括灰色理论、神经网络、贝叶斯网络、支持向量机、隐马尔可夫模型,以及一些复杂的方法。

2.7 威胁情报

威胁情报是网络系统安全态势平台的核心驱动力,很多问题的解决需要通过这种威胁情报的共享来实现。目前,各国政府、学术界和全球知名互联网金融企业都对威胁情报给予高度重视。各国政府为推动威胁情报的快速健康发展,相继出台一些相关法律政策,如美国地方政府已发布 *Cybersecurity Information Sharing Act of 2015*、《网络安全信息资源共享法案(2015)》、*Guide to Cyber Threat Information Sharing*、《网络威胁情报共享指南标准》等。在全国信息安全标准化技术委员会的组织下,已发布《信息安全技术 网络安全威胁信息格式规范》等相关标准。在企业界,IsightParnters、FireEye、CrowdStrike 等威胁情报厂商的主要业务活动,就是向用户提供高质量的威胁情报信息,而国内的亚信安全、360、奇安信、微步在线等厂商也已经把威胁情报作为主要的业务水平方向之一。

2.7.1 威胁情报标准

现阶段,各国抓紧制定威胁情报相关标准,目前在实践中相对成熟的国外威胁情报规范主要包括三种,即结构化威胁信息表达式(Structured Threat Information eXpression,STIX)、指标信息的可信自动化交换(Trusted Automated eXchange of Indicator Information,TAXII)、网络可观察表达式(Cyber Observable eXpression ,CyboX)。

1)结构化威胁信息表达式

结构化威胁信息表达式是由 MITRE 公司(The MITRE Corporation)所定义与开发、用来快速表示事件相关性与涵盖性的语言,以表达架构性的网络威胁信息,规范网络威胁信息

(包括威胁情报的采集、特性和交换)。结构化威胁信息表达式语言包含威胁信息的全部范围,并尽可能达到完整表示、弹性化、可延展性、自动化与可解读性等特性。

结构化威胁信息表达式提供威胁情报的细节和威胁内容的方法,用于表征网络威胁信息标准化沟通,可以以一致的方式进行共享、存储和分析。这些方法都是基于标准XML❶的语法进行描述的。主要信息表达式语言由9个关键词构造及其之间的关系组成,具体如下。

(1)观察对象(Observable):用CyboX表示的动态事件或静态资产。

(2)指标(Indicators):描述可预见性攻击模式。

(3)事件(Incidents):描述特定对手行为的实例。

(4)TPP(Adversary Tactics,Techniques and Procedures):描述攻击模式、恶意软件、攻击、杀链、工具、基础设施、受害者定位,以及对手使用的其他方法。

(5)漏洞利用目标(Exploit Targets):描述可能被利用的漏洞、弱点或配置。

(6)行动方针(Courses of Action):描述可以针对攻击采取的响应行动或作为预防措施。

(7)攻击活动(Campaigns):描述具有共享意图的事件或TTPS。

(8)威胁参与者(Threat Actors):描述对手和特征识别。

(9)报告(Reports):收集相关的STIX❷内容并为其提供共享的上下文。

2)情报信息的可信自动化交换

情报信息的可信自动化交换是一个应用层协议,该协议基于HTTPS❸交换威胁情报信息,其标准主要为实现消息服务和消息交换所制定的,有助于在不同的组织和产品/服务之间共享可操作的网络威胁信息,可使组织以安全和自动化的方式分享结构化的网络安全信息。

情报信息的可信自动化交换可帮助企业与其合作伙伴共享信息,同时需要确定交换威胁情报信息的技术规格,包括服务规范、消息绑定规范、协议绑定规范、查询格式规范、内容绑定参考,定义了网络威胁信息交换的概念、协议与消息,便于检测、预防、缓解网络威胁。情报信息的可信自动化交换不是信息共享计划或应用,没有对网络威胁信息共享的信任协议、治理或非技术方面进行规范。相反,其旨在帮助组织提升对于新型威胁的态势感知能力,便于组织选择合作伙伴共享信息。TAXII威胁情报共享模型包括点对点(Peer-to-Peer)、订阅型(Source/Subscriber)、辐射型(Hub and Spoke)等三种共享模型,具体如下。

(1)Peer-to-Peer:在点对点信息共享架构中,组织既可以是信息生产者,又可以是信息消费者,且组织数量不限。这种架构中,信息由一个组织流向另一个组织。

(2)Source/Subscriber:在源/订阅用户信息共享架构中,组织是所有订阅用户单一信息的来源。这种架构中,信息由源流向订阅用户。

(3)Hub and Spoke:在辐射型信息共享架构中,组织是所有共享参与者(轮辐)的交换中

---

❶XML:可扩展标记语言。

❷STIX:结构化威胁信息表达式。

❸HTTPS:超文本传输安全协议。

心(轮轴)。参与者向交换中心共享信息,交换中心接着将该信息共享给其他参与者,再次共享之前,交换中心可能会对信息进行分析或过滤。这种架构中,信息由参与者流向交换中心,再由交换中心流向参与者。

3)网络可观察表达式

网络可观察表达式提供一个国家通用数据结构,用于表征用户对于企业信息安全的网络处理流程。网络可观察表达式可以是一种动态的事件,也可以是静态的数据资产。网络可观察表达式规范并定义一个重要表征,即计算机是可观察对象,与网络发展动态相对应,可以通过具体表达式反映客观实体。可观察对象主要包括相关文件、HTTP 会话、X. 509❶ 证书、系统资源配置项等,同时设计规范工作提供一套标准且支持扩展的语法,用来描述所有研究人员可以从计算服务系统和操作系统上观察到的网络操作数据内容。网络可观察表达式对象可能是从某个特定地址发来的一封邮件、IP 地址,指向某个特定地址的网络设备连接,MD5❷ 哈希算法数值,一个操作系统进程,一个 URL 或者注册码的变化情况,这些都可以作为判断恶意企图的指标。这种关系网络可观察表达式方法可用于各种网络环境安全的威胁评估、日志管理、恶意应用软件产品特征描述、指标之间共享和事件响应等。

2.7.2　威胁情报管理

威胁情报管理实现对情报的完整生命周期进行管理,包括威胁情报获取、威胁情报维护、情报分类管理等。

1)威胁情报获取

威胁情报获取是指提供对威胁情报信息的自行添加或通过情报服务商获取的能力。威胁情报包含且不限于战略情报、战术情报和漏洞情报。

威胁情报的主要来源包括权威来源机构提供的威胁情报数据(例如 CNCERT❸、CNVD❹)、商用或免费威胁情报提供商提供的威胁情报数据、原厂或第三方的安全通告数据,以及交通运输行业内部相关组织机构上下级平台的通告四类。

2)威胁情报维护

交通运输行业威胁情报数据收集多个来源的威胁情报数据,建立统一数据规范标准,完成格式归一化工作后,并按照统一格式进行存储,推送到态势感知平台中。涉及的情报数据包括失陷检测情报、文件信誉情报、安全预警通告等。

威胁情报维护用于威胁情报信息的处理、删除、修改、启用、标注等,包括威胁情报分类管理、情报标签管理、情报归一化管理、情报存储管理。

3)情报分类管理

将威胁情报分为恶意 IP、恶意文件、恶意 URL、恶意域名、漏洞、全球 IP 地址库、Whois❺ 等类型,分别存入不同的类型库。

---

❶X. 509:一种密码学里公钥证书的格式标准。

❷MD5:信息摘要算法。

❸CNCERT:国家计算机网络应急技术处理协调中心,又称为国家互联网应急中心。

❹CNVD:国家信息安全漏洞共享平台。

❺Whois:一种用来查询域名的 IP 以及所有者等信息的传输协议。

4)情报标签管理

按照地域、行业、重点企业等进行标签管理,有助于实现订阅服务等相关情报功能。各子平台只需订阅情报,情报标签管理模块根据地域、行业、重点企业等信息发布与其强相关的情报信息。

5)情报归一化管理

情报归一化解决多源威胁情报数据格式的不一致、数据输入错误、数据不完整等问题,完成高质量数据的维护管理。主要维护手段包括清洗过滤、标准化、关联补齐三种。通过将采集的原始威胁情报数据经过归一化后形成标准化数据,便于态势分析模块高效进行情报关联、查询验证、情报更新。

6)情报存储管理

情报存储管理能够规范数据在各个阶段的数据格式,明确标准化后的安全数据的目标存储位置和存储格式。

7)情报分析

威胁情报用于辅助支持决策或者安全分析,未知来源和未知真实性的安全信息将影响决策的正确性和分析结果的准确性。威胁情报数据是用于保障交通运输行业网络安全运营的重要数据,可以为整体安全运营提供基于威胁情报的检测、验证/分析、事件预警等能力,可实现防御、检测、响应、预测不同安全运营的闭环管理,优先减少对重要威胁的检测发现时间、事件响应处理时间等。

情报关联分析是将多源威胁情报进行去重、合并和关联,供安全分析人员进行事件的安全威胁分析和上下文信息获取。

8)威胁情报共享

威胁情报共享采用结构化、标准化的方法,对网络安全威胁信息进行描述,这样可以实现组织间网络安全威胁信息的共享和利用,支持网络安全威胁管理和应用的自动化。目前交通运输行业正推动行业内客户的威胁情报和信息共享,规定行业威胁情报共享流程,要求行业平台能够把威胁情报信息下发给各类行业子平台,同时各类行业子平台可以将通告威胁情报信息上报行业平台,实现行业之间上下情报共享,提高威胁响应的效率和效果。

2.8 安全响应处置

安全响应处置能力建设是态势感知技术能力建设中的重要一环。发现任何可疑行为或攻击行为时,态势感知平台能够自动调配安全响应团队进行事件响应,将技术、流程、人员有效结合,提供自动化的设备联动能力,构建快速有效的安全响应处置能力。

各单位需利用态势感知平台,精准发现网络安全事件,定位攻击源,溯源事件过程和攻击路径,实现对安全事件的快速预警通告;还应关注态势感知平台呈现的各类安全预警信息,了解掌握当前全行业的网络安全整体形势,各单位之间紧密协同完成安全响应处置工作。

2.8.1 响应处置模型

安全事件的响应处置工作针对发生的网络安全事件,基于预先制定的包括网络信息系统运行、维持、恢复在内的策略和规程，迅速、有序、有效地开展网络安全事件应急与恢复工作，减少网络安全事件造成的损失，并吸取经验教训，以提高检测方法，防止事件再次发生。

任何安全程序的主要目标之一是防止安全事件发生。虽然 IT 和安全专业人员尽了最大努力，事件还会发生。当它们发生时，组织必须能够响应，以限制或遏制安全事件，所以事件响应处置的主要目标是尽量减少事件对组织的影响。有效的事件响应处置管理分为检测、响应、缓解、报告、恢复、修复、经验教训 7 个阶段，如图 2-6 所示。

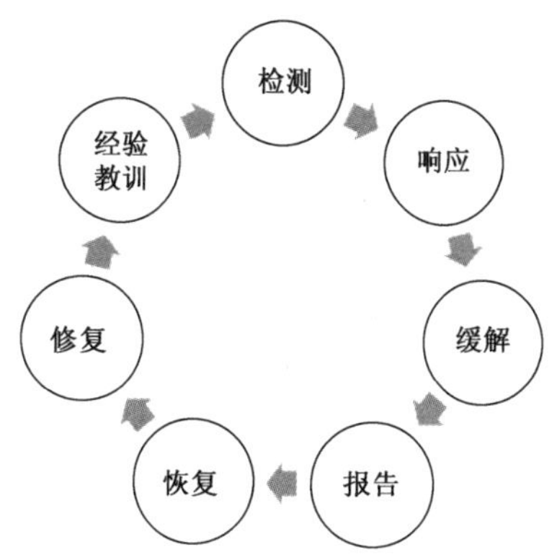

图 2-6　响应处置模型流程图

检测：IT 环境包括多种检测潜在事件的方法，如用户有时会发现不规则活动的事前告警，入侵检测/防御系统和终端防护软件的事中告警，自动化工具定期扫描审计日志的事后告警等。

响应：检测和验证事件后，下一步是响应。响应程度取决于事件的严重程度，在重大的安全事件发生后，需立即激活事件响应团队或计算机应急响应小组（Computer Security Incident Response Team，CSIRT）。

缓解：通过缓解措施尝试遏制事件，其主要目标是限制安全事件的影响或范围，例如当遭受僵尸网络攻击事件时，技术人员可以禁用网卡或断开网卡连接的网线，当问题被隔离之后，安全人员不必担心事件的影响范围持续扩大。

报告：报告是指向组织内部，也可能同时向组织外部报告事件。针对严重的安全事故，交通行业各态势子平台应考虑将事件报告给交通行业态势平台及其他监管单位平台。

恢复：调查人员从系统收集所有适当的证据后，下一步是恢复系统或将系统恢复到完全正常的状态。对小事件而言这非常简单，可能只需要重新启动。然而，重大事件可能需要完全重建系统。重建系统包括从最近的备份中恢复所有的数据。

修复：在修复阶段，调查人员观察事件并确定什么原因导致事件发生，然后实施措施，以防再次发生。

经验教训：在吸取经验教训阶段，需要检查事件和响应，确定有无经验教训可以吸收。事件响应小组和其他了解该事件的员工将参与这个阶段。事件响应团队需要编写一份报告，可能会建议程序变更，增加安全控制，甚至改变策略。

响应处置能够将态势、趋势、攻击、威胁、风险、隐患、问题等情况及时上报、通报、下达，按照要求和规范进行事件处置，及时消除影响和危害，快速恢复。对真实安全事件，根据分析过程判断结果，通过安全策略管理平台进行自动化处置或通过通报流程进行人工处置。

2.8.2　响应处置流程

响应处置是一个复杂的流程，需要多级、多人的协同配合。将安全事件、漏洞通过安全响应处置工单统一管理，能够将安全分析师的判断结论通过工单统一跟踪和记录，从而使得对威胁的跟踪有据可循，保证每一个威胁都能够通过工单进行及时有效的跟踪，增强安全团队联动协作处置能力。

目前,相关组织机构态势感知平台需要处置的工单触发包含两类:第一类为收到安全防御设备自身产生的告警,包括 WAF❶、APT❷、IDS❸、网络防火墙、攻击诱捕系统等;第二类为接收到内外部其他渠道的通报信息,接收报告的渠道包含公安部、相关组织机构内部人员等。态势感知平台对需要处置的安全事件,依据信息安全事件应急预案等指导性文件的要求,对安全事件进行流程化处置和协同处置,流程处置需要按照优先级对告警事件排序,并发送给相关人员,跟踪实时情况,以处理解决出现的权责不清、处置不及时等问题,实现对于安全事件发现、分析、通报、整改全过程闭环管控。

当安全事件发生后,态势感知平台根据预设流程,有条不紊地对已经发生的安全事件进行处置,针对各类异常或攻击事件的复杂性,设计各类安全事件的动态响应预案;态势感知平台可根据事件触发的条件,自动形成安全响应的步骤分发给网络安全相关管理人员,以最大限度地减少安全事件造成的损害,降低应急处置中的风险。

2.8.3 响应处置联动

传统网络安全管理平台缺少用于响应协调的工具和过程,不能通过网关设备、终端 EDR❹ 等进行联动响应,无法与企业内外部资源共享威胁情报、协同处理安全威胁,而态势感知技术中将强化自动化事件响应能力的建设。当态势感知平台接到报警事件后,通过情境数据关联和威胁情报数据,自动化或半自动化来丰富威胁报警数据,使得安全工程师迅速定位威胁源和相关联的资产和业务,根据既定的事件类型和响应步骤,自动分发安全响应的任务到所有相关人员,及时进行事件的响应和取证;并且随着设备之间的联动策略的逐步完善,事件响应平台可以自动化或半自动化及时下发安全策略,大幅提升安全响应效率。

联动处置要求能够及时响应告警信息或攻击通报,对相应系统进行全面的安全检查,根据应急预案进行攻击取证与响应处置,封禁攻击源 IP、封堵攻击路径,提高处置网络与信息安全突发事件的能力,最大限度减轻网络与信息安全突发事件的危害。针对不同等级的安全线索、预警和事件,态势感知平台可以采取不同的安全止损处置措施。联动处置具体能力包括关停处置、隔离处置、取证处置三类。

关停处置:对服务器或终端在管理平台上实施远程关停,且用户自主开机将被阻断,管理平台解除关停后方可开机。

隔离处置:对服务器、终端或者某网段,在管理平台上实施远程隔离处置。实施后,该对象被拒绝访问数据域,或者被拒绝访问目标应用系统。

取证处置:针对疑似发起攻击或疑似窃取数据的主机,在管理平台上实施一键取证,将该主机的日志、进程、网络连接、屏幕截屏、屏幕录像等证据信息进行记录并传输回后台。

2.9 态势可视化

网络安全态势感知系统基于大数据生成分析结果,显示当前情况,并预测未来。传统的

---

❶WAF:一种 Web 应用防护系统。

❷APT:高级长期威胁,又称为高级持续性威胁、先进持续性威胁等。

❸IDS:入侵检测系统。

❹EDR:端点检测与响应。

文本形式不能让用户直接看到结果。态势可视化技术通过图形化的呈现形式,可以帮助用户及时了解网络安全态势,对攻击进行实时监控,并根据观察调整策略,以应对网络安全威胁,构建安全网络空间。

从网络信息安全态势感知控制系统的发展情况来看,网络安全技术人员需要有效、快速得到系统所展示的企业安全工作日志的情况,并且这一展示结果需要以可视化处理技术的方式呈现。通过实现日志可视化和统计结果分析的交互式系统,能够实现根据日志的类型进行统计方法分析,并选择相应的可视化方式展示,做到每1~2min对视图进行一次动态数据更新,集中显示4h以内的告警数据;实现安全日志的多维分析,并通过图标的形式表示报警信息。

但是,由于日志数据没有统一标准,且种类繁多,基于日志数据的可视化实时性不好,往往需要较长的处理时间才能完成对应的计算并实现数据上报,在实时性要求高的网络需求应用性不够。在这个背景下,产生了基于数据流的可视化工具。采用"点"的方法表示连接,可以在一定程度上消除视觉障碍的影响,能够在三维空间中尽可能多地呈现网络实时信息,取得较好的应用效果;通过实时监控网络流量来提取网络攻击的行为特征,让网络攻击在视图中更加显而易见,易于发现。

在大型网络环境中,各个主机之间会十分频繁地进行连接建立和数据交换的活动,所以只是依赖着网络流量数据去推断网络态势是远远不够的,也是不准确的。为了能够准确识别大规模网络环境中的安全状态,该可视化系统基于多视图和多数据源基础上进行数据展示。C. P. Lee等人提出的以MVC❶事件驱动结构为基础的Visual Firewall系统,利用警报和防火墙事件数据两类数据源构成网络安全态势展示数据。可视化技术在安全态势领域中应用越来越普及,业内逐渐达成需要将可视化技术应用在态势感知过程中的共识。到目前为止,随着企业规模不断扩大,物联网等新技术的应用,用户管理的网络规模也在同时不断扩大。这种不断扩大的网络规模带来攻击行为的可发现性变差,因此,更多需求的实现给可视化的技术带来了新的发展机遇。如何将基于计算机服务器的业务数据流和基于企业网络的数据流有机结合起来并进行分析显示,需要通过深入研究,将上述两类数据进行有机结合,确定态势,并综合显示在统一管理界面中,提高数据显示的实时性,增大系统可显示的规模和范围,增强人机交互的可操作性等,这些都是软件开发人员和系统架构师们需要进一步解决的问题。随着可视化技术在安全态势领域中的不断进化,态势可视化技术逐渐应用于网络态势感知的整个过程,在实际运用中形成了安全仪表盘和态势变动曲线等常见的可视化形式。安全仪表盘能够将用户最为关心的安全信息以类似汽车或其他设备仪表盘的形式集中组织在一个屏幕范围内显示。态势变动曲线则通过对融合数据进行全面分析形成指标数据,将各类指标数据随着时间连续表示,构成网络安全态势变动曲线。

在新一代的态势感知系统中,通过数据挖掘及行为建模,自动在海量安全日志中发掘事件间的关联关系,还原攻击链路,并通过图形化的方式呈现。分析人员能够更加清晰、准确地了解关键资产所受到的攻击及其影响,将更多的精力聚焦在关键点上进行分析;也可以通过关联图形,选择相关的节点依据安全日志及威胁情报进行巡线、拓线、排查攻击链路。

---

❶MVC:经典MVC模式中,M是业务模型,V是用户界面,C是控制器。

综上所述,态势可视化分析技术是指利用大数据技术自动分析挖掘网络安全风险的同时,利用支持信息可视化的用户界面以及支持分析过程的人机交互方式与技术,获取针对大规模复杂数据集,并从原始数据中取得知识的一种手段。所采用的主要手段是自动化分析算法、可视化和人机交互。通过依赖于人和机器的合作与互补,能够将数据映射为颜色、形状、大小等视觉元素,通过视觉刺激和图形的交互来实现,该途径主要利用了人的理解力和创造力优势。另一种方法是利用机器学习等方法形成模型,得出结论,形成知识并纳入已有的知识结构,该途径主要利用机器的计算能力和存储能力优势。两种途径可以独立进行,又可以相互补充。一方面,通过可视化分析可以进一步优化机器处理过程中无法被识别的潜在结构规律,使得机器通过新的模型和学习方法进行演化;另一方面,人们也可以通过机器学习,获取人类所无法感知或意识到的学习过程模型,从而有效优化可视化方法,人们的视觉感知系统也更加有效地被刺激。机器学习更进一步的能力,是协助人们将隐藏知识归入到已有知识结构中,典型的应用就是大数据可视化分析。态势感知平台试图打造这样一种人机交互的工具;安全分析人员可以利用收到的线索,利用计算机的高级安全分析和威胁追捕能力,通过人机交互的可视化方式快捷展示潜在的网络安全威胁。

第 3 章 网络安全态势感知技术发展

目前,全球网络空间安全威胁持续加剧,威胁形势复杂多样,数据泄露事件触目惊心,网络攻击对现实世界产生重大影响。一方面,各国高度重视网络安全风险,不断出台各类网络安全相关政策法规,建立国家及国际联盟之间网络安全合作规范,在网络安全制度规范层面提高自身网络安全能力的同时,还不断加大网络安全的预算投入和资金支持,积极发展网络安全科研技术能力,使得网络安全技术研发取得新进展。另一方面,全球网络安全形势依然严峻,国家间竞争和博弈日趋激烈,数据泄露、安全漏洞、勒索软件等网络安全攻击事件频发,并总体呈现上升的趋势。2016 年 4 月 19 日,在网信工作座谈会上,习近平总书记强调,安全是发展的前提,发展是安全的保障,强调态势感知是网络安全检查的关键,是网络信息基础安全保障体系的核心,是增强网络安全保障和防御能力的关键。

全球网络空间安全形势依然严峻,网络威胁正向复杂化和多样化发展。新冠疫情既是现实空间的重大公共卫生安全灾难,也刺激了人类活动从物理空间向网络空间的加速迁移,因此也对网络空间安全带来了新的挑战。由于多种因素制约,全球网络空间安全形势仍不容乐观。

3.1 我国网络安全态势政策

我国近年来对网络安全态势感知工作高度重视,本节介绍我国态势感知相关的政策与法律法规要求。

1)习近平总书记在网络安全和信息化工作座谈会上的讲话

习总书记在正确处理安全和发展关系的讲话中谈到了态势感知相关内容,指出要全天候全方位感知网络安全态势,感知网络安全态势是最基本最基础的工作,要全面加强网络安全检查,摸清家底,认清风险,找出漏洞,通报结果,督促整改。要建立统一高效的网络安全风险报告机制、情报共享机制、研判处置机制,准确把握网络安全风险发生的规律、动向、趋势。要增强网络安全防御能力和威慑能力,并提到网络安全的本质在对抗,对抗的本质在攻防两端能力较量。

2)2016 年《“十三五”国家信息化规划》

2016 年 12 月 15 日,国务院发布《“十三五”国家信息化规划》中强调了以下内容:

强化网络安全顶层设计中强调,建立完善国家网络安全相关制度,健全完善网络与信息安全信息通报预警机制。

构建关键信息基础设施安全保障体系中强调,加强金融、能源、水利、电力、通信、交通、地理信息等领域关键信息基础设施威胁感知和持续防御能力建设,增强网络安全防御能力和威慑能力。

全天候全方位感知网络安全态势中强调,加强网络安全态势感知、监测预警和应急处置能力建设。建立统一高效的网络安全风险报告机制、情报共享机制、研判处置机制,准确把握网络安全风险发生的规律、动向、趋势。建立政府和企业网络安全信息共享机制,加强网络安全大数据挖掘分析,更好感知网络安全态势,做好风险防范工作。

3)《国家网络空间安全战略》

2016 年 12 月 27 日,国家互联网信息办公室发布《国家网络空间安全战略》,其中九大战略任务中,有三大战略任务内容与态势感知有关,分别是:

(1)保护关键信息基础设施,强调了关键基础设施保护要着眼于“识别、防护、检测、预警、响应、处置”等环节。

(2)夯实网络安全基础,强调了要完善网络安全监测预警和网络安全重大事件应急处置机制。

(3)提升网络空间防护能力,强调建设与我国国际地位相称、与网络强国相适应的网络空间防护力量。

4)习近平总书记在国家安全工作座谈会上重要讲话

2017 年 2 月 17 日,习近平总书记在京主持召开国家安全工作座谈会并发表讲话,提出要筑牢网络安全防线,提高网络安全保障水平,强化关键信息基础设施防护,加大核心技术研发力度和市场化引导,加强网络安全预警监测,确保大数据安全,实现全天候全方位感知和有效防护。

5)《中华人民共和国网络安全法》

2017 年 6 月 1 日,《中华人民共和国网络安全法》正式实施,在第五章监测预警与应急处置中,从第五十一至五十六条重点对网络安全监测预警和信息通报、事件处置与应急响应做了要求。

6)《网络安全等级保护条例(征求意见稿)》

公安部发布的《网络安全等级保护条例(征求意见稿)》在原信息系统安全保护的要求外,增加了安全检测、通报预警、应急处置、态势感知、能力建设的要求。涉及网络安全态势感知技术的要求有“落实网络安全态势感知监测预警措施,建设网络安全防护管理平台,对网络运行状态、网络流量、用户行为、网络安全事件等进行动态监测分析,并与同级公安机关对接”“第三级以上网络运营者应当建立健全网络安全监测预警和信息通报制度,按照规定向同级公安机关报送网络安全监测预警信息,报告网络安全事件。有行业主管部门的,同时向行业主管部门报送和报告”。

7)关键信息基础设施保护条例

2021 年 9 月 1 日,《关键信息基础设施安全保护条例 》正式实施。在其中的第二十四条:保护工作部门应当建立健全本行业、本领域的关键信息基础设施网络安全监测预警制度,及时掌握本行业、本领域关键信息基础设施运行状况、安全态势,预警通报网络安全威胁和隐患,指导做好安全防范工作。

3.2 网络安全与态势感知标准化组织

标准化组织一般分为国际标准化组织(如 ISO、IETF 等)、国家标准化组织(如中国国家标准化管理委员会、美国国家标准化组织(ANSI)、英国标准协会(BSI)等)等类型。国际标准化组织(ISO)是一个由各国标准化机构组成的世界范围的联合会。与之相对应的,国家标准机构是在国家层面上承认的国家成员的标准机构,也包括国际和区域标准组织。

3.2.1 国际主要网络安全标准化组织

国际上,网络安全标准化工作兴起于20世纪70年代中期,80年代有了较快的发展,90年代引起了世界各国的普遍关注。目前,世界上约有近300个国际和区域性组织负责制定标准或技术规则,其中与网络安全标准化有关的主要组织有国际电工委员会(IEC)、国际电信联盟(ITU)、Internet工程任务组(IETF)和结构化信息标准促进组织(OASIS)等。

1)国际电工委员会(International Electrotechnical Commission,IEC)

IEC主要负责组织和发布有关电气工程和电子工程领域中的国际标准化工作,该组织正式成立于1906年,是世界上成立最早的国际标准化机构。IEC中每个国家只能有一个机构作为其成员,每个成员国都是理事会成员。2011年,中国成为IEC常任理事国。ISO和IEC有着密切的联系,在信息技术方面,两者共同成立联合技术委员会(Joint Technical Committee 1,JTC1),并在JTC1下成立了专门从事信息安全标准化的分技术委员会(Sub Committee 27,SC27),主要从事信息技术安全的一般方法和技术的标准化工作,是信息安全领域中最具代表性的国际标准化组织。SC27下设安全控制与服务工作组(WG4)以及身份管理与隐私技术工作组(WG5)等5个工作组,工作范围涵盖网络安全管理和技术领域,包括网络安全管理体系、密码学与安全机制、安全评价准则、安全控制与服务、身份管理与隐私保护技术等方面的标准化工作。

2)国际电信联盟(International Telecommunication Union,ITU)

国际电信联盟是在国际组织中历史最长的联合国分支机构,是联合国机构的重要专门部门,简称国际电联。国际电信联盟的主要工作是针对全球化所面临的信息通信基础设施建设标准一体化问题,大力推进世界各国通信基础设施能力建设,以增强人们对网络空间的信心,加强网络安全,消除所谓的数字鸿沟。网络安全与和平是信息时代网络最受关注的问题,国际电信联盟通过其全球网络安全议程和管理规范制度,采取切实可行的措施,使得行业内的主要竞争对手握手言和。

3)Internet工程任务组(Internet Engineering Task Force,IETF)

IETF是一个公开性质的大型民间国际团体,汇集了与互联网架构和互联网顺利运作相关的网络设计者、运营者、投资人和研究人员,并欢迎所有对此行业感兴趣的人士参与。IETF始创于1986年,其主要任务是负责互联网相关技术规范的研发和制定,制定的规范以请求评论(Request For Comments,RFC)文件的形式发布,目前已经发布了170多个RFC文件,已经成为互联网界的大型技术研究组织。IETF标准制定的具体工作由各个工作组承担,工作组分成8个领域,分别是Internet路由、传输、应用和安全领域等,IKE和IPsec都在RFC系列之中,还有电子邮件、网络认证和密码标准,也包括了TLS标准和其他安全协议标准。

4)结构化信息标准促进组织(Organization for the Advancement of Structured Information Standards,OASIS)

OASIS是一个推进电子商务标准的发展、融合与采纳的非盈利性国际化组织。相比其他组织，OASIS 形成了较多 XML 和 Web 服务标准的同时也提出了面向安全、电子商务的标准，同时在针对公众领域和特定应用市场的标准化方面也付出了很多的努力。推动的标准包括访问和身份策略安全，格式控制和数据输入输出内容、目录池、目录和注册表标准，面向服务架构方法和模型，网络管理、服务质量和互操作性，例如制定了《结构化威胁信息表达式》《情报信息的可信自动化交换》《网络可观察表达式》等标准。

3.2.2 各国主要网络安全标准化组织

国际上有国际组织开展标准化工作的组织、协调、编写和发布等，同样，每个国家或地区内部都会成立相关组织负责制定本国或地区内部的标准及技术规则，其中与网络安全标准化有关的主要国家或区域组织有美国国家标准化协会（ANSI）、美国国家标准与技术研究院（NIST）、欧洲网络与信息安全局（ENISA）、欧洲电信标准化协会（ETSI）和中国全国信息安全标准化技术委员会（TC260）等。

1）美国国家标准化协会（American National Standards Institute，ANSI）

ANSI 成立于 1918 年。当时，美国的许多企业和专业技术团体，已开始了标准化工作，但因彼此间没有协调，存在不少矛盾和问题。为了进一步提高效率，数百个科技学会、协会组织和团体，均认为有必要成立一个专门的标准化机构，并制订统一的通用标准。在 1969 年，将全美原美国材料试验协会（ASTM）和机械工程师协会（ASME），以及美国军方主要信息化科研管理和政府部门进行联合，结合众多的国际标准，成为美国国家标准化的重要组织机构。

2）美国国家标准与技术研究院（National Institute of Standards and Technology，NIST）

NIST 直属美国商务部，主要提供标准参考数据等方面的服务，涉及物理工程、测量技术等方面的基础科学应用研究，在国际上享有很高的声誉。NIST 成立于 1901 年，原名美国国家标准局（NBS），1988 年 8 月，经美国总统批准改为美国国家标准与技术研究院（NIST）。NIST 下设 4 个研究所：国家计量研究所、国家工程研究所、材料科学和工程研究所、计算机科学技术研究所，研究所下设中心，中心下设分组，组下设实验室。其中，计算机科学技术研究所负责发展联邦信息处理标准，参与发展商用 ADP 标准，开展关于自动数据处理、计算机及有关系统的研究工作，特别是在制定联邦自动数据处理政策方面向白宫管理和预算办公室以及国会总审计局提供科学和技术咨询。

3）欧洲网络与信息安全局（European Network and Information Security Agency，ENISA）

欧盟在 2004 年就开始为应对网络空间威胁未雨绸缪，成立了欧洲网络和信息安全局（ENISA），其开展业务工作的授权来自于欧盟委员会（European Commission，EC）的网络与系统安全指导文件（通常也称之为 NIS Directive）。主要就云安全、安全软件工程、智能手机安全三大类领域进行评估和管理，以保证欧盟内部网络信息安全高效的传输，考虑到欧盟当前仍面临较高的网络安全挑战，欧盟委员会将有可能考虑继续扩大欧盟网络与信息安全局的职能范围，新增由其开展欧洲信息与通信科技（ICT）产品及服务安全认证的授权，同时也将加强其在处置欧盟内部跨国网络安全事件及危机之时的角色，该机构的首要目标是在网络和信息安全领域加强欧洲地区的合作和信息交流，并将总部设在了布鲁塞尔。

4）欧洲电信标准化协会（European Telecommunications Standards Institute，ETSI）

欧共体委员会 1988 年批准通过建立 ETSI，该机构是一个非营利性的电信企业标准化管理组织，总部设在法国南部的尼斯。ETSI 的标准化研究领域主要包括欧共体电信业，并涉及公司与其他组织进行合作的信息及广播系统技术应用领域。ETSI 是 CEN（欧洲标准化协会）和 CEPT（欧洲电信主管部门工作会议）认可的电信行业标准协会，其制定的推荐性标准常被欧共体作为一种欧洲法律法规的技术经济基础而采用并被要求严格执行。在欧洲电信标准化协会发布的全球网络安全生态系统技术报告中可以了解到全球的网络安全生态系统情况，其中包括列举了网络安全技术相关的各标准化组织、开发者论坛、各国的网络安全中心、国际会议与出版物等。

5）中国国家标准化管理委员会（Standardization Administration of the People's Republic of China，SAC）

中国国家标准化管理委员会是中华人民共和国国务院授权履行行政管理职能、统一管理全国标准化工作的主管机构，正式成立于 2001 年 10 月。国家标准化管理委员会发布的国家标准主要负责建立中国国内的各类标准，批准发布各行业领域国家标准，审核和发布规范政策、管理制度、规划、公告和其他重要文件；开展对外交流的强制性国家标准；协调、指导和行业、地方以及社会生产活动规范，企业标准的制定工作；代表国际标准化组织在中国范围内推广实施国家标准，代表国际电工委员会等国际或区域性标准化组织在国内建立相关标准体系；承接国际合作协议，承担国家标准化机制协调和国务院各部委司局的日常标准化管理协同工作。

6）中国全国信息安全标准化技术委员会（TC260）

中国全国信息安全标准化技术委员会是 2002 年经国家标准化管理委员会批准成立的，简称安标委或 TC260。中国国家标准化管理委员会是我国最高级别的国家标准化机构，其下属的全国信息安全标准化技术委员会负责信息安全相关标准制定及管理。由此安标委是我国在信息安全技术专业领域内，从事各类信息安全标准化工作的推广和实施，并且负责组织开展国内信息系统安全问题有关的标准化技术发展工作，主要履行工作范围包括：信息安全技术、信息安全机制、信息安全服务、信息安全风险管理、信息安全评估等领域的标准化。安标委组织制定的国家标准符合国际标准化组织规定的范畴内容，基本形成了我国社会信息网络安全标准体系，为我国个人信息数据安全保障体系建设方面提供了强有力支持，重点体现在信息系统安全等级保护、信息安全产品认证、信息安全风险评估、重点信息系统灾难恢复等领域。近年来，安标委坚持贯彻《网络安全法》和《关于加强国家网络安全标准化工作的若干意见》要求，围绕落实国家关于大数据、互联网 +、中国制造 2025 等战略部署要求，补短板、抓重点，在关键信息基础设施保护、个人信息保护、等级保护、云计算、大数据、移动终端、移动互联和网络安全态势感知等领域组织开展了一系列重要标准的研制，不断提升国家网络安全各项工作标准化的支撑能力。

7）中国全国信息技术标准化技术委员会（TC28）

中国全国信息技术标准化技术委员会成立于 1983 年，是在国家标准化管理委员会和工业和信息化部的共同领导下，从事全国信息技术领域标准化工作的技术组织，简称信标委或 TC28。信标委的工作范围是信息技术领域的标准化，涉及信息采集、处理、传输、交换、描述、管理、组织、存储、检索及其技术，系统与产品的设计、研制、管理、测试及相关工具的开发等的标准化工作。围绕国民经济和社会信息化迫切需求，重点推动电子政务、大数据、智慧城市、电子书包、全球对象标识符、物联网、信息无障碍等领域标准化工作。制定国家标准、电子行业标准 800 余项，覆盖中文信息处理、软件、IT 服务、通信与网络、IC 卡、射频识别（RFID）、设备互连、计算机与外围设备、移动智能终端、电子政务、电子文件、生物特征识别、教育信息化、物联网、云计算、信息技术设备能效、数据中心、大数据等领域。

8）中国通信标准化协会（China Communications Standards Association，CCSA）

中国通信标准化协会（CCSA）于 2002 年 12 月 18 日在北京正式成立。该协会是国内企、事业单位自愿联合组织起来，经业务主管部门批准，国家社团登记管理机关登记，开展通信技术领域标准化活动的非营利性法人社会团体。其标准化工作侧重于电信和互联网领域，主要开展技术工作的技术工作委员会（简称 TC）有 11 个，分别是：TC1（互联网与应用）、TC3（网络与业务能力）、TC4（通信电源与通信局站工作环境）、TC5（无线通信）、TC6（传送网与接入网）、TC7（网络管理与运营支撑）、TC8（网络与信息安全）、TC9（电磁环境与安全防护）、TC10（物联网）、TC11（移动互联网应用和终端）、TC12（航天通信技术）。除技术工作委员会外，还根据技术发展方向和政策需要，成立特设任务组（ST），目前有 ST2（通信设备节能与综合利用）、ST3（应急通信）、ST7（量子通信与信息技术）、ST8（工业互联网）和 ST9（导航与位置服务）5 个特设任务组。目前，CCSA 已经在电信、工业互联网等领域开展了网络安全态势感知相关的探索。

3.3 态势感知相关标准

近年来，国内外在网络安全态势感知系统的相关理论、技术框架、安全功能等相关研究和实践方面均取得了显著的成绩，但是由于没有形成统一标准，在业内针对网络安全态势感知系统的技术路线、业务范围、功能定义、数据共享、产品形态等方面呈现出了很多不同的理解，为行业领域态势感知平台的建设、数据共享、接口规范以及上级单位的监管形成了一些技术障碍。网络安全态势感知系统标准化是健全网络安全治理体系的重要技术基础性工作，能够使各种网络安全态势感知系统的规划、建设、运维等活动由不标准状态转变成标准状态；是网络安全保障体系建设的重要组成部分，推动网络安全治理体系优化迭代方面发挥着基础性、规范性、引领性作用。

网络安全态势感知标准能对态势感知能力的建设起到规范和指导作用，主要体现在如下方面：一是通过规范态势感知产品开发者、平台建设者的设计、开发和建设流程，统一系统框架，提升系统的技术水平；二是通过规范态势感知服务组织的基础安全管理、数据安全管理、系统安全管理和安全运维等，提升系统防范安全风险的能力；三是规范行业体系，对系统的数据采集、数据共享、协同联动的接口进行统一，促进不同厂商产品和系统之间的互联互通，从而进一步支撑网络安全态势感知的快速发展。

目前，国际和国内已经逐步开展了网络安全技术、信息安全技术、态势感知技术相关的标准研究，但态势感知技术标准化发展较为缓慢，亟待从技术和产业发展角度加快推进网络安全态势感知的标准化工作，为网络安全态势感知的健康发展提供有力保障。

3.3.1 国际态势感知相关标准

世界各国和主要国际标准组织，特别是信息安全标准化组织近几十年来制定了各自信息安全标准体系，按照各自标准化流程陆续颁布并不断完善。本节简要介绍与国际主要的网络安全评估、检测以及态势感知相关的信息安全技术与管理的标准。

1) ISO/IEC 20000 体系标准

近年来,国际 ISO/IEC 和西方一些国家开始发布并改版一系列网络安全管理标准,网络安全管理标准已经从零星指南性标准,逐渐变成具有层次化、体系化、覆盖网络安全管理全生命周期的安全管理标准体系。目前,与网络安全态势感知系统相关应用最广泛的国际网络安全管理标准是 ISO/IEC 20000、ISO/IEC 27001、ISO 31000、ISO 22301 等方面的国际网络安全管理标准。

ISO/IEC 20000 信息技术服务管理体系是面向机构的 IT 服务管理标准,是世界上第一部针对信息技术服务管理(IT Service Management)领域的国际标准,ISO 20000 信息技术服务管理体系定义了一套全面的、紧密相关的服务管理流程标准,代表着可评估 IT 服务管理流程基础条件和原则。

2) ISO/IEC 27001 体系标准

ISO/IEC 27001 是世界上应用最广泛与典型的信息安全管理标准。该标准源于 BS7799-2,主要研究 ISMS 的基本发展要求,已于 2005 年 10 月正式发布,目前 ISO/IEC 最新版本为 ISO 27001:2013。ISO 27001 标准可以作为一个评估不同类型企业或组织的标准体系,组织本身在网络安全实施过程中的标准和规范,以及法律政策法规的信息系统网络安全管理能力要求的依据,无论是社会组织自我价值评估,还是具体机构的网络安全能力评估供方,都可以采用,也可以用作独立第三方认证的依据。

3) ITU-T X.1500 网络安全信息交换系列标准

ITU-T X.1500 标准是国际电信联盟电信标准化部门(ITU-T)针对网络安全信息制定的相关的交换标准,标准内容涵盖漏洞、缺陷、风险等信息的格式、分类方法、交换机制等。包括:X.1500《网络安全信息交换概述标准》、X.1520《通用漏洞和暴露风险》、X.1521《通用漏洞评分系统》、X.1524《通用缺陷列表》、X.1525《通用缺陷评分系统》、X.1526《用于漏洞的公开定义和评估系统状态评价的语言》、X.1528《通用平台列举》、X.1541《事件对象描述交换格式》、X.1544《常见攻击模式枚举与分类》、X.1570《网络安全信息交换发现机制》等系列标准,这些标准可以用于网络安全态势的数据共享,也可以作为基础标准支撑态势感知业务。

4) IETF RFC 系列标准

IETF RFC(Request for Comments)系列标准是互联网工程任务组(IETF)发布的一系列互联网相关信息,以及 UNIX 和互联网社区的软件文件。Internet 所有技术标准都是以 RFC 文件形式公布的,但这不是所有的 RFC 文件。RFC 还包括政策研究报告、技术部门的工作总结、研讨会的成果综述和网络使用指南等。包括:RFC 7970《安全事件描述交换格式》、RFC 8134《管理安全事件轻量级交换实现报告》、RFC 8274《安全事件描述和交换格式使用指南》、RFC 8600《使用 XMPP 协议进行安全信息交换》等系列标准,这些标准定义了在不同计算机安全事件响应小组之间交换信息安全事件可使用的数据格式,可以用于指导网络安全态势感知系统对安全事件的采集和交换。

5)《可信计算机系统评估准则》

《可信计算机系统评估准则》(Trusted Computer System Evaluation Criteria, TCSEC)是美

国国防部于1985年公布的一份技术文件，是国际公认的第一个计算机安全系统评估标准。该文件旨在向制造商提供一个标准以及向用户提供一种验证标准，将计算机系统的安全可信度从低到高分为D、C、B、A四类共七个级别：D级，C1级，C2级，B1级，B2级，B3级，A1级。

6)《信息技术安全评估准则》

《信息技术安全评估准则》(Information Technology Security Evaluation Criteria，ITSEC)是由英、法、德、荷等国家国防部门信息安全机构联合提出的，已经成为欧盟各国共同遵守并使用的共同评估标准。ITSEC将安全概念分为功能与功能评估两部分。功能准则在测定上分为F1～F10十类，评估准则分为E1～E6六级。ITSEC与TCSEC的不同之处在于，ITSEC将安全定义为保密性、完整性、可用性，并将功能和质量保证分开考虑，对信息安全产品和系统评估都适用。

7)《信息技术安全性评估通用准则》

《信息技术安全性评估通用准则》(Common Criteria，CC)是继欧洲四国出台ITSEC之后，美国倡议欧美六国即美、英、法、德、荷、加拿大等六国国防信息安全机构，与美国国家安全局(National Security Agency，NSA)和美国国家标准与技术研究院(National Institute of Standards and Technology，NIST)，共同制定的一个供欧美各国通用的信息安全评估标准，主要思想和框架取自ITSEC和FC(Federal Criteria)，充分突出"保护框架"，将评估过程分"功能"和"保证"两部分。主要由三部分内容组成：①介绍以及一般模型；②安全功能需求(技术上的要求)；③安全认证需求(非技术要求和对开发过程、工程过程的要求)。为了适应经济全球化的形势要求，国际标准组织于1999年批准CC以"ISO/IEC 15408—1999"编号正式列入国际标准系列，并不断对其进行修订，满足信息安全技术发展的需要。CC是国际上通行表达IT安全的体系结构，它是一组规则集，一种评估方法，其评估结果国际互认。目前已经有17个国家签署了互认协议，即一个信息技术产品在一个国家通过CC评估以后，在另外一个国家就不需要再进行评估了。

8)《信息技术　安全技术　IT安全管理指南》(ISO/IEC TR 13335)

IT安全管理指南是由ISO发布，其适用于各种类型的组织，它的主要目的是给出如何有效地实施IT安全管理的建议和指南，该指南主要分为五部分：

第1部分：IT安全的概念和模型(Conceptsand Models for Information and Communications Technology Security Management)，包括了对IT安全和安全管理的一些基本概念和模型的介绍。由于这部分没有提供关于信息技术安全的详细信息，可以作为关于信息技术安全管理的入门介绍。

第2部分：IT安全的管理和计划(Managing and Planning IT Security)，建议性地描述了IT安全管理和计划的方式和要点。信息技术安全管理的主要任务是建立和维护信息技术安全的一套程序。这包括一整套规划与管理过程，风险管理，实施，后续的维护和监控过程，以及组织内集成。

第3部分：IT安全的技术管理(Techniques for the management of IT Security)，覆盖了风险管理技术、IT安全计划的开发以及实施和测试，还包括一些后续的制度审查、事件分析、IT安全教育程序等。

第4部分:安全措施选择(Selection of Safeguards),描述了如何针对一个组织的特定环境和安全需求来选择防护措施(不仅仅局限于技术措施)。

第5部分:网络安全管理指南(Management Guidance on Netwrk Security),描述了网络安全的管理原则以及如何建立保护和管理IT安全性的体系框架。

9)《信息系统审计指南》

信息及相关技术的控制目标(Controlled Objectives for Information and Related Technology,COBIT),在国内该标准通常译为《信息系统审计指南》,既便于理解,也是我国信息安全领域公认的名称。COBIT是信息系统审计和控制联合会(ISACA)制订的面向过程的信息系统审计和评价的标准。对信息化建设成果的评价,按照系统属性可以划分为多个方面,包括对最终成果评价、对建设过程评价、对系统架构评价等,是一个基于IT治理概念的、面向IT建设过程的IT治理实现指南和审计标准。COBIT现行版本为COBIT 2019,涉及五个领域,40个IT过程控制:评估、指导和监控(EDM,治理域),调整、计划和组织(APO,管理域),构建、购置和实施(BAI,管理域),交付、服务和支持(DSS,管理域),监控、评价和评估(MEA,管理域)。COBIT已经成为国际公认的标准的IT管理和控制标准流程,也是国际公认的IT治理和控制框架。目前,COBIT已经在100多个国家的跨国组织和企业中被应用,以指导这些组织或机构有效利用信息资源,有效管理信息系统网络安全风险。

10)NIST SP800系列标准

NIST SP800(Special Publications)是美国国家标准与技术研究院(National Institute of Standards and Technology,NIST)发布的一系列关于信息安全的指南,该标准已经成为美国和国际安全界得到广泛认可的事实标准和权威指南,成为了指导美国信息安全管理建设的主要标准和参考资料。目前,NIST SP800系列已经出版了200余项同信息安全相关的正式文件,形成了从计划、风险管理、安全意识培训和教育以及安全控制措施的一整套信息安全管理体系。

SP800-53《信息系统和组织的安全和隐私控制》(Security and Privacy Controls for Information Systems and Organizations)旨在开发第一个全面的安全和隐私控制目录,可用于管理任何部门和规模的组织的风险,以及从超级计算机到工业控制系统到物联网(IoT)设备的所有类型的系统的风险。从安全评估、配置管理、网络物理和环境保护、风险评估、服务采购等14个网络安全管理和操作控制条例,以及106系列的具体控制措施出发,确保网络信息系统数据的完整性。

SP800-150《网络威胁信息共享指南》(Guide to Cyber Threat Information Sharing)为组织建立和参与网络威胁信息共享提供指导方针,涉及了信息源的选择,威胁情报类型、数据源的选择、威胁指标等内容,可为网络安全态势感知系统进行数据共享提供有效指导。

3.3.2　我国态势感知相关标准

从20世纪80年代开始,我国的科研机构和高等院校、信息安全相关企业积极开展标准研究工作,从研究国际各类标准化组织、英美等发达国家颁布的标准体系,逐步转化了一部分信息安全技术和管理的标准,研究制定了一批符合我国国情的信息安全工作标准。同时对于金融、能源、电力、交通等国家重点行业,还颁布了一批适用于行业的信息安全标准。这些研究工作也为网络安全态势感知系统的相关标准奠定了基础。

我国信息安全标准从总体上划分为基础标准、技术与机制标准、管理标准、测评标准、密码技术标准和保密技术标准6大类，每类按照标准所涉及的主要内容再细分为若干小类，如图3-1所示。

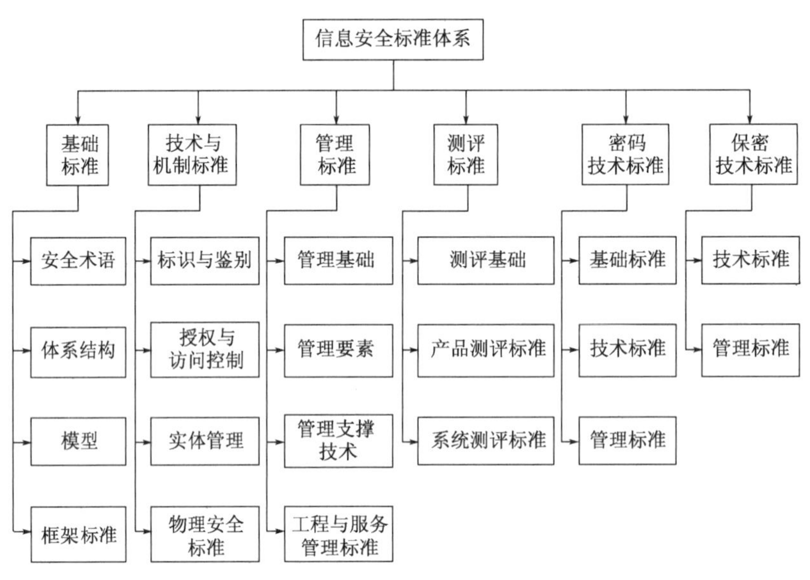

图3-1　我国信息安全标准体系

基础标准是为其他标准制定提供支撑的公用标准，包括安全术语、体系结构、模型和框架标准4个子类；技术与机制标准包括标识与鉴别、授权与访问控制、实体管理和物理安全标准4个子类；管理标准包括管理基础、管理要素、管理支撑技术和工程与服务管理标准4个子类；测评标准包括测评基础、产品测评标准和系统测评标准3个子类；密码技术标准包括基础标准、技术标准和管理标准3个子类；保密技术标准包括技术标准和管理标准两个子类。

1）网络安全相关标准

（1）网络产品和服务安全标准

为落实《中华人民共和国网络安全法》中提出的“网络产品、服务应当符合相关国家标准的强制性要求”，2020年国家标准《信息安全技术　网络产品和服务安全通用要求》（GB/T 39276—2020）规定了网络产品和服务应满足的安全通用要求，包括安全功能要求和安全保障要求。适用于网络产品和服务提供者进行网络产品和服务的安全设计、安全实现和安全运行，也可用于指导第三方测评机构对网络产品和服务进行安全测评。此外网络产品和服务安全相关的标准还有《信息安全技术　信息安全服务分类》（GB/T 30283—2013），该标准界定了信息安全服务的定义；给出了信息安全服务的基本类别，主要包括信息安全咨询服务、信息安全实施服务、信息安全培训服务。适用于信息安全行业对信息安全服务概念的理解和分类管理，适用于信息安全服务的开发、提供、选用和采购。

（2）关键信息基础设施保护标准

为积极配合国家关键信息基础设施保护工作的开展，2015年以来，安标委陆续启动了

《关键信息基础设施网络安全框架》《信息安全技术　关键信息基础设施网络安全保护基本要求》《信息安全技术　关键信息基础设施安全控制措施》《信息安全技术　关键信息基础设施安全检查评估指南》和《信息安全技术　关键信息基础设施安全保障指标体系》《信息安全技术　关键信息基础设施安全防护能力评价方法》《信息安全技术　关键信息基础设施边界确定方法》《信息安全技术　关键信息基础设施信息技术产品供应链安全要求》等国家标准的制定工作。通过这些标准,提出网络安全防护基本要求和安全控制措施,提出关键信息基础设施网络安全框架,为网络安全态势的关键信息基础设施监测与检查工作提供技术指导,并建立指标体系,提出具体指标,促进关键信息基础设施安全保障工作。

(3)云计算安全标准

安标委大数据安全标准特别工作组负责云计算安全标准的具体编制工作时,发布了云计算安全相关的 8 项国家标准:《信息安全技术　政府门户网站云计算服务安全指南》(GB/T 38249—2019)、《信息安全技术　桌面云安全技术要求》(GB/T 37950—2019)、《信息安全技术　网站安全云防护平台技术要求》(GB/T 37956—2019)、《信息安全技术　云计算服务运行监管框架》(GB/T 37972—2019)、《信息安全技术　云计算安全参考架构》(GB/T 35279—2017)、《信息安全技术　云计算服务安全能力评估方法》(GB/T 34942—2017)、《信息安全技术　云计算服务安全指南》(GB/T 31167—2014)、《信息安全技术　云计算服务安全能力要求》(GB/T 31168—2014)。此外,在研标准制订项目还有 1 项,处于送审稿状态,即《信息技术　安全技术　公有云中个人信息保护实践指南》。这些标准为网络安全态势感知系统在云计算服务网络安全检测预警能力方面提供了标准支撑。

(4)大数据安全标准

2018 年,安标委发布了《大数据安全标准化白皮书》(2018 版)。其中,对网络安全态势大数据、安全威胁和风险等进行了研究,提出了大数据安全标准体系框架,为网络安全态势感知大数据安全标准研制工作提供指引,明确了标准工作方向和重点。目前,2017 年 12 月发布的国家标准《信息安全技术　大数据服务安全能力要求》(GB/T 35274—2017),规定了大数据服务提供者应具有的大数据服务安全能力,包括大数据组织相关基础安全能力、数据生命周期相关的数据服务安全能力以及大数据服务平台与应用相关的系统服务安全能力。这个标准可成为政府部门、企事业单位等组织机构建设网络安全态势感知系统中大数据子系统的参考,也适用于第三方机构对大数据服务提供者的大数据服务进行审查和评估。此外,已发布的标准还有《信息安全技术　数据交易服务安全要求》(GB/T 37932—2019)、《信息安全技术　大数据安全管理指南》(GB/T 37973—2019)、《信息安全技术　数据安全能力成熟度模型》(GB/T 37988—2019),正在制定的大数据安全标准有《信息安全技术　网络数据处理安全要求》和《信息安全技术　数据出境安全评估指南》等,这些标准为网络安全态势感知系统在数据安全评估、处理、管理能力方面提供了标准支撑。

(5)个人信息保护标准

随着互联网的普及和信息技术的应用,越来越多的机构大数据的快速发展,个人信息被盗用和隐私泄露等问题也日益严重,个人信息的非法采集出现安全隐患,网络安全态势感知系统在广泛采集数据时,就避免不了涉及个人的隐私信息的保护问题。2016 年起,安标委开始研究制定个人信息安全相关标准。2017 年 12 月 29 日颁布实施的《信息安全技术　个人信息安全规范》规范了开展收集、保存、使用、共享、转让、公开披露等个人信息处理活动应遵循的原则、安全要求和相关行为，可用于规范各类组织、个人数据信息分析，处理网络各类社交平台活动，也适用于主管监管部门、第三方评估研究机构等组织对个人信息获取时进行有效监督、管理和评估，对于遏制个人基本信息非法收集、滥用、泄露等乱象，保障个人的合法权益和社会公共利益可起到一个积极促进作用。此外，与个人信息环境保护有关的国家相关标准还有《信息安全技术　公共及商用服务信息系统个人信息保护指南》（GB/T 28828—2012）、《信息安全技术　个人信息去标识化指南》（GB/T 37964—2019）、《信息安全技术　个人信息安全影响评估指南》（GB/T 39335—2020）等，进一步作为了《信息安全技术　个人信息安全规范》（GB/T 35273—2020）的支撑。

（6）移动终端和移动互联网安全标准

目前，安标委已经陆续制定发布十余项与移动终端和移动互联网安全相关的国家标准，具体如表3-1所示。

移动终端和移动互联网安全相关的国家标准　　表3-1

标准号	名称	状态
GB/T 30284—2013	《移动通信智能终端操作系统安全技术要求(EAL2级)》	已发布
GB/T 32927—2016	《信息安全技术　移动智能终端安全架构》	已发布
GB/T 34095—2017	《信息安全技术　用于电子支付的基于近距离无线通信的移动终端安全技术要求》	已发布
GB/T 34975—2017	《信息安全技术　移动智能终端应用软件安全技术要求和测试评价方法》	已发布
GB/T 34976—2017	《信息安全技术　移动智能终端操作系统安全技术要求和测试评价方法》	已发布
GB/T 34977—2017	《信息安全技术　移动智能终端数据存储安全技术要求与测试评价方法》	已发布
GB/T 34978—2017	《信息安全技术　移动智能终端个人信息保护技术要求》	已发布
GB/T 35278—2017	《信息安全技术　移动终端安全保护技术要求》	已发布
GB/T 35281—2017	《信息安全技术　移动互联网应用服务器安全技术要求》	已发布
GB/T 35282—2017	《信息安全技术　电子政务移动办公系统安全技术规范》	已发布

（7）等级保护相关标准

《中华人民共和国网络安全法》中明确提出“国家实行网络安全等级保护制度”，对等级保护工作提出了更高的要求。当今，随着大数据、移动互联网等的迅猛发展和普及应用，各类平台、数据、系统等需要高度业务数据融合，基于此，中国国家标准化管理委员会发布了网络安全等级保护制度2.0标准，并于2019年12月1日开始实施，等保2.0是我国网络安全领域的基本国策、基本制度，在1.0时代标准的基础上，专注于积极防御，从被动防御到事件发展的全过程安全、可靠、动态、全面的感知审计，实现对传统的信息系统、基础信息网络、大数据、云计算、移动互联网以及工业控制信息系统级的全覆盖保护。

安标委陆续立项启动信息系统安全等级保护相关标准的修订，以期可以根据实际情况的变化进一步提升和完善等级保护标准，涉及的标准主要包括《信息安全技术　网络安全等级保护基本要求》（GB/T 22239—2019）、《信息安全技术　网络安全等级保护安全设计技术要求》(GB/T 25070—2019)、《信息安全技术　网络安全等级保护实施指南》(GB/T 25058—2019)、《信息安全技术　网络安全等级保护测评要求》(GB/T 28448—2019)、《信息安全技术　网络安全等级保护测评过程指南(GB/T 28449—2018)、《信息安全技术　网络安全等级保护定级指南》(GB/T 22240—2020)等。在标准修订中,进一步适应云计算、移动互联、物联网和工控等新技术、新应用的发展和需求,对原标准内容进行修订完善,为网络安全态势感知系统针对云计算、移动互联、物联网和工控等领域的各类安全资产数据标准化接入提供了参考依据。

2)态势感知相关标准

网络安全态势感知标准架构,包括标准在网络安全态势感知中的作用、态势感知平台的数据处理流程,两种从不同的维度进行网络安全态势感知标准架构划分。每种维度都有其优势和劣势,这两种划分维度互相补充和配合,可以更好地帮助网络安全态势感知平台的建设和使用,最终形成全天候全方位的网络安全态势感知能力。

根据标准在网络安全态势感知中的作用来分类,态势感知系统的标准可以分为:基础类、安全要求类、实施指南类和检测评估类标准。其中基础类标准旨在提供网络安全态势感知基础性的术语、接口、框架;安全要求类标准主要基于网络安全态势感知的通用功能和行业特性功能,提出具体的要求,包括安全功能要求和自身安全功能要求;实施指南类标准主要围绕安全要求的落实,基于最佳实践,给出具体的实施指导;检测评估类标准主要是围绕具体的实施是否满足要求展开,主要是涉及网络安全态势的数据评估、技术使用能力(能力成熟度)评估、决策效果评估及目标满足性评估(业务导向)的标准,这类标准对于产品、平台的功能、数据的服务能力的评价具有积极作用。

根据态势感知平台的数据处理流程来进行分类,包括总体框架标准、前端数据源类标准、数据标准、应用标准、数据共享标准和业务支撑标准,如图 3-2 所示。

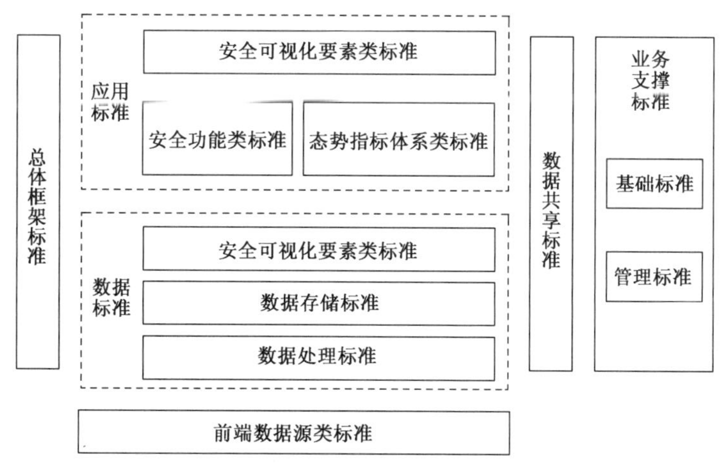

图 3-2　网络安全态势感知数据处理流程架构分类

其中总体框架标准作为总纲性标准,是其他标准制定的前提和基础,为网络安全态势感知其他标准的制定提供框架性要求和方向指导;前端数据源类标准主要是对各类前端数据源输出的数据内容和格式进行规范,保证前端数据源输出数据的质量,进而确保网络安全态势分析和呈现的效果;数据标准包含了数据处理标准、数据存储标准、数据服务接口标准三部分,用于规范网络安全态势感知平台数据处理、存储、建立数据服务接口的基础能力和技术要求,为网络安全态势感知平台数据接入工作提供指导;应用标准包含了安全功能类标准、态势指标体系类标准、网络安全可视化要素类标准三部分,用于梳理网络安全态势感知的通用功能要求、形成对网络安全态势标准化定量评价的依据、统一网络安全可视化呈现基本要素;数据共享标准包含了数据共享格式标准和数据共享接口标准两部分,对网络安全态势感知平台共享的各类数据进行规范,用于实现跨行业跨平台的数据汇聚和利用;业务支撑标准包含了基础标准和管理标准,用于规范网络安全态势感知的基础要素、为网络安全态势感知平台的有序运行提供支撑。

我国现有态势感知相关标准,具体如表 3-2 所示。

态势感知相关标准表 表 3-2

序号	标准名称	标准号	状态	发布时间
1	《信息技术　安全技术　信息技术安全评估准则》	GB/T 18336—2015	已发布	2015 年
2	《信息安全技术　信息安全风险评估规范》	GB/T 20984—2007	已发布	2007 年
3	《信息技术　安全技术　信息安全风险管理》	GB/T 31722—2015	已发布	2015 年
4	《信息安全事件管理　第 1 部分:事件管理原理》	GB/Z 20985.1—2017	已发布	2007 年
5	《信息安全技术　信息安全事件分类分级指南》	GB/Z 20986—2007	已发布	2007 年
6	《信息安全技术　网络安全预警指南》	GB/T 32924—2016	已发布	2016 年
7	《信息安全技术　网络攻击定义及描述规范》	GB/T 37027—2018	已发布	2018 年
8	《信息安全技术　网络安全威胁信息格式规范》	GB/T 36643—2018	已发布	2018 年
9	《信息安全技术　信息安全应急响应计划规范》	GB/T 24363—2009	已发布	2009 年
10	《网络安全监测基本要求与实施指南》	GB/T 36635—2018	已发布	2018 年
11	《政务网络安全监测平台总体技术要求》	T/CIIA 005—2019	已发布	2009 年
12	《信息安全技术　网络安全漏洞标识与描述规范》	GB/T 28458—2020	已发布	2020 年
13	《信息安全技术　网络安全漏洞管理规范》	GB/T 30276—2020	已发布	2020 年
14	《信息安全技术　网络安全漏洞分类分级指南》	GB/T 30279—2020	已发布	2020 年
15	《信息技术　大数据存储与处理系统功能要求》	GB/T 37722—2019	已发布	2019 年
16	《信息技术　大数据存储与处理系统功能测试要求》	GB/T 38676—2020	已发布	2020 年
17	《基础电信企业网络安全态势感知系统技术要求》	YD/T 3734—2020	已发布	2020 年
18	《网络脆弱性指数评估方法》	YD/T 2388—2011	已发布	2011 年
19	《网络威胁指数评估方法》	YD/T 2389—2011	已发布	2011 年
20	《信息安全技术　网络安全事件通报预警》	GA/T 1717—2020	已发布	2020 年

(1)《信息技术　安全技术　信息技术安全评估准则》(GB/T 18336—2015)

我国从 2000 年开始着手研究并制定信息安全评估标准。2001 年将国际标准 ISO/IEC15408:1999 转化为国家标准《信息技术　安全技术　信息技术安全评估准则》(GB/T 18336—2001),应用于我国的信息系统安全测评认证工作,该标准作为信息安全标准体系的核心标准之一,近年来不断修订完善。2008 年发布了国家标准 GB/T 18336—2008,2015 年根据技术快速发展和实际工作需求,对该标准进行再次修订,现行版本为 GB/T 18336—2015,包括第1部分:简介和一般模型、第2部分:安全功能组件、第3部分:安全保障组件相关要求,该标准可为具有安全功能的 IT 产品的开发、评估以及采购过程提供指导,也是在网络安全态势感知系统中进行风险评估的主要参考标准。

(2)《信息安全技术　信息安全风险评估规范》(GB/T 20984—2007)

该规范提出了对企业风险进行评估的基本理论概念、要素之间关系、分析技术原理、实施流程和评估研究方法,以及风险评估在信息服务系统生命周期的不同阶段的实施要点和工作内容形式。信息工程安全风险评估结果就是从风险管理人员角度出发,运用现代科学的方法和手段,系统地分析网络数据信息通过系统所面临的威胁及其存在的脆弱性,评估安全事件一旦发生可能造成的危害程度,提出有针对性的抵御威胁的防护对策和整改措施,为防范和化解信息安全风险,将风险控制在可接受的水平提供信息科学依据。信息安全风险评估工作要贯穿于信息系统的规划、设计、实施、运行维护以及废弃各个阶段,是网络安全态势感知系统开发建设的重要依据之一。

(3)《信息技术　安全技术　信息安全风险管理》(GB/T 31722—2015)

该标准规定了信息安全风险管理的内容和过程,提供了不同的信息系统生命周期的各个阶段的信息安全风险管理措施,包括风险评估、风险管理、监督、审批、审查和通信咨询。信息安全风险管理宜是一个持续的过程,该过程宜建立语境,评估风险以及按风险处置计划进行风险处置以实现相关的建议和决策。风险管理为将风险降低至可接受的水平,在决定宜做什么和什么时候做之前,分析可能发生什么和可能的后果是什么。该标准的发布是落实信息安全等级保护制度,应用网络安全态势感知动态防御的重要补充和完善。

(4)《信息安全事件管理指南》(GB/Z 20985.1—2017)

该标准描述了信息安全风险事件的管理发展过程,提供了网络环境安全态势感知控制系统设计规划,制定了企业信息质量安全事件管理方法策略和具体技术实施方案的指南。给出了中国信息安全的事态发展,为开展后续研究工作的人员规范了网络安全实施活动的过程和规程。信息工程网络信息安全管理的标准化为网络安全态势感知系统建设提供了更好的技术路径、报告和信息资源安全评估的机制;能够有效指导更快的信息安全处置规程,并根据具体安全态势做出对应响应,包括启动适当的安全应急事务防护措施来预防和降低网络攻击所产生的影响,以及从网络攻击事件影响中恢复,也可以从信息安全网络攻击事件中吸取经验教训,制定和优化预防措施,并且随着时间的变化,不断完善改进整个网络结构安全态势感知系统的安全事件管理应对能力。该标准可以为安全态势感知中安全事件的分析、评估、处置提供重要支撑。

(5)《信息安全技术　信息安全事件分类分级指南》(GB/Z 20986—2007)

该标准可被视为一个网络安全事件的分级管理指南,为网络攻击安全事件中通过分级进行网络安全态势感知奠定了事件处理机制基础,评级为预防和处理网络攻击安全事件提供指导,为各类组织机构(信息传输网络基础运营商和用户,以及主管的参考网络安全部门)在网络安全事件的事前准备、事中应对和事后处理提供了信息系统安全处置路径。根据网络安全事件的统计和分析评估,对未发生的网络安全攻击事件进行分级处置和管理,有利于有效降低网络攻击安全事件的发生频率;标准化的“信息安全事件分类分级指南”可以促进网络安全事件信息共享,完善的网络安全事件消息和应急处理的自动化,提高网络安全事件报告和应急处置效率和效益。

(6)《信息安全技术　网络安全预警指南》(GB/T 32924—2016)

该标准给出了网络安全预警的分级指南与处理流程,可以为及时准确了解网络安全事件或威胁的影响程度、可能造成的后果及采取有效措施提供指导,也适用于网络与信息系统主管和运营部门参考开展网络安全事件或威胁的处置工作。该标准研究讨论了网络安全预警的分级要素:网络安全保护对象的重要程度与网络安全保护对象可能受到损害的程度,网络安全预警级别根据网络安全保护对象的重要程度和网络安全保护对象可能受到损害的程度,将其分为四个级别:红色预警、橙色预警、黄色预警和蓝色预警。网络安全预警流程:预警的发布、预警的响应与处置、预警的升级或降级、预警的解除。该标准可以为安全态势感知中安全事件的管理提供支撑。

(7)《信息安全技术　网络攻击定义及描述规范》(GB/T 37027—2018)

该规范标准化了网络攻击的界定、网络攻击的过程、网络攻击涉及的角色等关键技术、网络攻击常用的方法、网络攻击后果的评估等内容。为了增强网络安全保障,面对网络攻击各个层面的挑战,应当对网络攻击进行准确的定义和描述,为抵御网络攻击夯实基础。因此,TC260 在 2018 年发布了该标准,用于规范网络攻击的定义与描述、网络攻击的过程与关键技术、评估网络攻击的效果。该标准给出了网络攻击的定义、描述、典型过程、关键技术和效果评估,可以作为态势感知系统中攻击这一态势感知要素的规范化描述。

(8)《信息安全技术　网络安全威胁信息格式规范》(GB/T 36643—2018)

该标准规定了网络安全威胁情报模型中各个组件的信息描述,以及组件之间的关系,适用于企业网络环境安全问题威胁情报的供应方和需求方,有利于进行研究网络安全威胁情报的共享和交换。网络安全威胁情报旨在采用多种科学技术手段,通过采集大规模、多渠道、碎片式攻击或异常数据,集中地进行各类数据深度融合、归并和分析,形成与信息控制系统工程网络安全防御有关的信息线索,并在此基础上不断进行积极主动、协同式的安全预警、检测和响应,以降低我国网络威胁防御成本并提升防御效率。威胁情报的共享和利用,是实现关键信息基础设施安全防护的重要环节,利于实现全国或全行业范围内的网络安全威胁情报的快速传递,进而实现对复杂网络安全威胁的快速响应。网络安全威胁情报信息的采集和分析是态势感知系统的主要功能之一,对于态势感知系统中的网络安全威胁情报部分,可以使用标准中所定义的威胁情报表达模型。

(9)《信息安全技术　信息安全应急响应计划规范》(GB/T 24363—2009)

该标准将使信息安全事件的发展和应用能够得到及时有效的处置,并能通过应急响应期间的经验教训,不断总结经验和完善信息安全预防措施,以提高应急处理能力,将减少损失到最低限度。应急预案编制的前期工作准备是应急规划文件的编制,包括一般原则、角色和职责、预防和预警机制、应急响应程序、应急保障附件的六个基本要素。准备信息安全应急预案文件是应急计划过程中的关键一步,也是国家标准草案的应急核心内容。应急保障是信息安全应急预案的重要组成部分,是保证信息安全事故后迅速和有效地实施应急计划的关键要素。该标准可以为安全态势感知中应急响应处理提供支撑。

(10)《网络安全监测基本要求与实施指南》(GB/T 36635—2018)

该标准规定了网络安全监测的基本要求,给出了网络安全监测框架和实施指南,给出了可用于信息系统网络安全等级保护测评的安全测试和验证技术,检查技术、识别和分析技术、漏洞验证技术。对用户单位的系统和网络安全监测、设备厂商的产品设计和开发以及安全服务厂商的安全监测服务具有重要指导意义和参考价值。该标准可以为态势感知中数据采集、数据存储、态势监测部分提供支撑。

(11)《政务网络安全监测平台总体技术要求》(T/CIIA 005—2019)

该标准以提升政务网络安全监测技术支撑和监测服务能力为核心,规定了政务网络安全监测平台的基本要求,提出了政务网络安全监测平台技术框架和相应的技术要求,包括数据采集预处理、监测数据分析、数据总线、展示与应用、专项监测、威胁情报等技术。该标准可以为态势感知中数据采集、数据存储、态势监测、态势分析、态势级联部分提供支撑。

(12)《信息安全技术　网络安全漏洞标识与描述规范》(GB/T 28458—2020)

该标准规定了网络安全漏洞的标识与描述信息。适用于从事漏洞发布与管理、漏洞库建设、产品生产、研发、测评与网络运营等活动的所有相关方。规范了网络安全漏洞的标识与描述内容,解决中国国内漏洞发布机构对漏洞标识和描述不一致、不统一的问题,提升国家漏洞库、网络安全漏洞产品的规范性,这对国家经济运行安全、社会安全和国家战略安全具有极其重要的现实意义和长远的战略意义。该标准可以为态势感知中网络安全漏洞库建设管理部分提供支撑。

(13)《信息安全技术　网络安全漏洞管理规范》(GB/T 30276—2020)

该标准规定了网络安全漏洞管理流程各阶段(包括漏洞发现和报告、接收、验证、处置、发布、跟踪等)的管理流程、管理要求以及证实方法。适用于网络产品和服务的提供者、网络运营者、漏洞收录组织、漏洞应急组织等开展的网络安全漏洞管理活动,对漏洞关联角色在漏洞全生命周期内的管理活动进行规范和指导,减少漏洞信息管理的安全隐患,降低安全风险。该标准可以为态势感知中网络安全漏洞管理部分提供支撑。

(14)《信息安全技术　网络安全漏洞分类分级指南》(GB/T 30279—2020)

该标准提供了网络安全漏洞的分类方式、分级指标,给出了分级方法的建议。适用于网络产品和服务的提供者、网终运营者、漏洞收录组织、漏洞应急组织在漏洞管理、产品生产、技术研发、网络运营等相关活动中进行的漏洞分类和危害等级评估等。该标准在漏洞分类分级方面兼容 CNVD、NVD 等主要漏洞数据库,可以为中国国内漏洞管理机构、漏洞数据平台、安全厂商、互联网厂商、运营商、漏洞提交者等漏洞分级和分类提供统一的标准。该标准可以为态势感知中网络安全漏洞管理部分提供支撑。

(15)《信息技术　大数据存储与处理系统功能要求》(GB/T 37722—2019)

该标准规定了大数据存储与处理系统的功能要求,适用于指导大数据存储与处理系统的设计、开发和应用部署。大数据存储与处理系统功能研究主要研究了大数据存储模块、大数据处理模块的功能要求。该标准可以为态势感知中大数据存储与处理部分提供支撑。

(16)《信息技术　大数据存储与处理系统功能测试要求》(GB/T 38676—2020)

该标准规定了大数据存储与处理系统的基本功能、分布式文件存储、分布式结构化数据存储、分布式列式数据存储、分布式图数据存储、批处理框架、流处理框架、图计算框架、内存计算框架和批流融合计算框架的测试要求。适用于大数据存储与处理系统的测试。该标准建立了大数据存储与处理系统的各项基本功能的测试规范和测试用例，实现大数据存储与处理系统基本功能的测试方法以及测试用例的标准化。该标准可以为态势感知中大数据存储与处理部分提供支撑。

(17)《基础电信企业网络安全态势感知系统技术要求》(YD/T 3734—2020)

该标准规定了基础电信企业网络安全态势感知系统应具有的基本功能，包括数据采集、数据处理、安全态势评估指标、安全动态监测、可视化展示、用户标识、安全审计、安全管理八个方面的安全功能要求。适用于基础电信网络安全态势感知系统。该标准可以为态势感知中态势感知技术研究部分提供支撑。

(18)《网络脆弱性指数评估方法》(YD/T 2388—2011)

该标准规定了互联网网络脆弱性指数评估的方法，提供了网络脆弱性指数评估体系、网络脆弱性特征定义、网络脆弱性分类。适用于计算机网络应急响应组织评估互联网网络设计、实现、配置等方面的脆弱性，也可供其他相关部门参考使用。该标准可以为态势感知中网络脆弱性评估部分提供支撑。

(19)《网络威胁指数评估方法》(YD/T 2389—2011)

该标准规定了互联网网络威胁的量化评估方法。适用于计算机网络应急响应组织对互联网网络威胁指数的采集、计算等，也可供其他部门参考使用。研究包括互联网威胁态势指数体系架构、相关指数定义、指数的数值和级别、安全指数的计算模型。该标准可以为态势感知中网络威胁态势评估部分提供支撑。

(20)《信息安全技术　网络安全事件通报预警》(GA/T 1717—2020)

该标准适用于网络安全事件监测分析、通报预警、调查处置及相关管理和技术研究工作。包括数据、通报预警流程规范以及数据分类编码与标记标签体系技术规范三个部分。可为网络安全职能部门开展网络安全监测分析、通报预警、应急处理工作提供依据和参考，该标准可以为态势感知中网络安全事件分类研判部分提供支撑。

3)等级保护2.0标准与态势感知

2019年12月1日，国家市场监督管理总局、国家标准化管理委员会正式发布了网络安全等级保护2.0标准和规范，等保2.0标准的发布对加强我国网络安全保障工作，提升网络安全保护能力具有重要意义，新修订的标准主要包括:《网络安全等级保护实施指南》(GB/T 25058—2019)、《网络安全等级保护定级指南》(GB/T 22240—2020)、《网络安全等级保护基本要求》(GB/T 22239—2019)、《网络安全等级保护设计技术要求》(GB/T 25070—2019)、《网络安全等级保护测评要求》(GB/T 28448—2019)、《网络安全等级保护测评过程指南》(GB/T 28449—2018)。

网络安全等级保护2.0标准的等级保护对象已经由原先的信息系统，扩展到网络基础设施、云计算平台、大数据平台、物联网、工业控制系统等，基于新技术和新应用提出新的分等级的技术防护机制和完善的管理手段是等级保护2.0系列标准的重点内容。针对性等级保护对象特点指导建立网络安全综合防御体系，并开展组织管理、机制建设、安全规划、安全监测、通报预警、应急处置、态势感知、能力建设、监督检查、技术检测、安全可控、队伍建设、教育培训和经费保障等工作。在等级保护安全建设中，无论是从等保2.0标准要求还是自身安全需求来看，安全监测、通报预警、应急处置、态势感知都是安全工作的重中之重。

(1)《信息安全技术　网络安全等级保护基本要求》(GB/T 22239—2019)

《信息安全技术　网络安全等级保护基本要求》2.0标准对新型安全攻击检测能力、网络安全分析能力、用户行为分析能力等提出了更高的要求，高级威胁检测是传统安全技术/设备无法检测的，需要通过关联分析、异常检测、威胁情报、长周期数据分析等技术解决。高级威胁检测被认为是态势感知能力的一个重要方面，态势感知还在精准定位已知威胁、检测高级威胁的基础上，丰富了安全事件场景、大大提高安全运营能力，还能借助态势感知平台将安全监测、安全运维、安全审计等环节数据有效融合，使之成为一个整体的安全防御体系。其中涉及态势感知的相关内容如下：

> 在开展网络安全等级保护工作中应首先明确等级保护对象，等级保护对象包括通信网络设施、信息系统(包含采用移动互联等技术的系统)、云计算平台/系统、大数据平台/系统、物联网、工业控制系统等；确定了等级保护对象的安全保护等级后，应根据不同对象的安全保护等级完成安全建设或安全整改工作；应针对等级保护对象特点建立安全技术体系和安全管理体系，构建具备相应等级安全保护能力的网络安全综合防御体系。应依据国家网络安全等级保护政策和标准，开展组织管理、机制建设、安全规划、通报预警、应急处置、态势感知、能力建设、监督检查、技术检测、队伍建设、教育培训和经费保障等工作。

(2)《信息安全技术　网络安全等级保护实施指南》(GB/T 25058—2019)

在《信息安全技术　网络安全等级保护基本要求》的研究基础上，通过分析研究信息化发展的新技术、新应用，如移动互联技术、大数据技术、云计算技术、工业控制技术、IPv6技术等的使用场景和应用特点等，提出这些新技术、新应用系统的等级保护对象和可能面临的威胁，并结合国家信息安全等级保护工作的新思路及新要求，研究《信息安全技术　网络安全等级保护实施指南》标准，为运营使用单位在实施等级保护工作时提供工作内容及工作方法指导，从技术角度使工作指导流程化，并使之贯穿整个信息系统生命周期。涉及态势感知的相关内容如下：

> 7.3.3　安全控制集成
>
> 安全控制集成的过程可以运营、使用单位与网络安全服务机构共同参与、相互配合，把安全实施、风险控制、质量控制等有机结合起来，实现安全态势感知、监测通报预警、应急处置追踪溯源等安全措施，构建统一安全管理平台。

(3)《信息安全技术　网络安全等级保护安全设计技术要求》(GB/T 25070—2019)

在《信息安全技术　网络安全等级保护基本要求》的研究基础上，《信息安全技术　网络安全等级保护安全设计技术要求》规定了第一级到第四级等级保护对象的安全设计技术要求，每个级别的安全设计技术要求均由安全通用设计技术要求和安全扩展设计技术要求构成，安全扩展设计技术要求包括了云计算、移动互联、物联网、工业控制系统等方面。可有效指导网络运营者、网络安全企业、网络安全服务机构开展网络安全等级保护安全技术方案的设计和实施，指导测评机构更加规范化和标准化的开展等级测评工作，进而全面提升网络运营者的网络安全防护能力。其中涉及态势感知的相关内容如下：

8.3.4.2 安全管理

在进行云计算平台安全设计时,云计算安全管理应具有对攻击行为回溯分析以及对网络安全事件进行预测和预警的能力;应具有对网络安全态势进行感知、预测和预判的能力。

在进行工业控制系统安全设计时,应通过安全管理员对工业控制系统设备的可用性和安全性进行实时监控,可以对监控指标设置告警阈值,触发告警并记录;应通过安全管理员在安全管理中心呈现设备间的访问关系,及时发现未定义的信息通信行为以及识别重要业务操作指令级的异常。

9.3.4.2 安全管理

在进行云计算平台安全设计时,安全管理应具有对攻击行为回溯分析以及对网络安全事件进行预测和预警的能力;应具有对网络安全态势进行感知、预测和预判的能力。

(4)《贯彻落实网络安全等级保护制度和关键信息基础设施安全保护制度的指导意见》

2020 年 7 月,公安部颁布了《贯彻落实网络安全等级保护制度和关键信息基础设施安全保护制度的指导意见》,指导重点行业、部门全面落实网络安全等级保护制度和关键信息基础设施安全保护制度,健全完善国家网络安全综合防控体系,有效防范网络安全威胁,有力处置重大网络安全事件,切实保障关键信息基础设施、重要网络和数据安全。其中涉及态势感知的相关内容如下:

一、指导思想、基本原则和工作目标

(二)基本原则

坚持积极防御、综合防护。按照法律法规和有关国家标准规范,充分利用人工智能、大数据分析等技术,积极落实网络安全管理和技术防范措施,强化网络安全监测、态势感知、通报预警和应急处置等重点工作,综合采取网络安全保护、保卫、保障措施,防范和遏制重大网络安全风险、事件发生,保护云计算、物联网、新型互联网、大数据、智能制造等新技术应用和新业态安全。

(三)工作目标

网络安全监测预警和应急处置能力显著提升。跨行业、跨部门、跨地区的立体化网络安全监测体系和网络安全保护平台基本建成,网络安全态势感知、通报预警和事件发现处置能力明显提高。网络安全预案科学齐备,应急处置机制完善,应急演练常态化开展,网络安全重大事件得到有效防范、遏制和处置。

四、加强网络安全保护工作协作配合

(二)加强网络安全信息共享和通报预警。行业主管部门、网络运营者要依托国家网络与信息安全信息通报机制,加强本行业、本领域网络安全信息通报预警力量建设,及时收集、汇总、分析各方网络安全信息,加强威胁情报工作,组织开展网络安全威胁分析和态势研判,及时通报预警和处置。第三级以上网络运营者和关键信息基础设施运营者要开展网络安全监测预警和信息通报工作,及时接收、处置来自国家、行业和地方网络安全预警通报信息,按规定向行业主管部门、备案公安机关报送网络安全监测预警信息和网络安全事件。公安机关要加强网络与信息安全信息通报预警机制建设和力量建设,不断提高网络安全通报预警能力。

(5)《网络安全等级保护条例(征求意见稿)》

在《信息安全技术　网络安全等级保护基本要求》的研究基础上,《网络安全等级保护条例(征求意见稿)》根据网络在国家安全、经济建设、社会生活中的重要程度,以及其一旦遭到破坏、丧失功能或者数据被篡改、泄露、丢失、损毁后,对国家安全、社会秩序、公共利益以及相关公民、法人和其他组织的合法权益的危害程度等因素,网络分为五个安全保护等级。包括总则、支持与保障、网络的安全保护、涉密网络的安全保护、密码管理、监督管理、法律责任、附则八个部分。其中涉及态势感知的相关内容如下:

第二十一条【特殊安全保护义务】第三级以上网络的运营者除履行本条例第二十条规定的网络安全保护义务外,还应当履行下列安全保护义务:

(五)落实网络安全态势感知监测预警措施,建设网络安全防护管理平台,对网络运行状态、网络流量、用户行为、网络安全案事件等进行动态监测分析,并与同级公安机关对接;

第三十条【监测预警和信息通报】地市级以上人民政府应当建立网络安全监测预警和信息通报制度,开展安全监测、态势感知、通报预警等工作。

网络安全态势感知作为实现网络安全实时监测和防护的一种手段,其作用至关重要。由于网络安全态势感知能力建设的复杂性,国内外专家、学者一直不断研究和探索,网络安全态势感知的标准化工作也需要加快推进,为网络安全态势感知的标准编制工作提供方向性指导;为网络安全态势感知研发、生产和检测单位开展规范化科研、生产和检测提供依据。

加速开展标准制定工作,特别是开展重点领域态势感知和关键标准的研制工作,有序推进标准化。加快已立项标准的制定进程,对《信息安全技术　网络安全态势感知通用技术要求》《信息安全技术　网络安全信息共享指南》和《信息安全技术　网络安全信息报送与态势研判指南》等重要标准要加快流程;对数据服务标准、数据共享以及实现对网络中安全态势统一评判的评价指标类标准,应尽快启动研究制定工作;推动行业态势感知标准的研究制定工作,网络安全态势感知有明显的行业属性,国家重点领域和行业应在网络安全态势感知国家标准的基础上,根据行业特性、业务特点,自行制定各行业、各领域的行业标准规范。

目前各行各业都在开展态势感知系统建设,但普遍存在对态势感知系统认识理解不一致、系统架构不统一、态势感知能力参差不齐、建设单位对态势感知系统了解不多的状况。导致产品在开发设计过程中无标准可依,大多自行进行架构设计、功能开发、接口适配工作,最终建成的系统没有达到预期效果,国家有关部门和标准化研究部门应加强态势感知标准的应用实践指导工作,推进态势感知标准化制定工作,确保数据共享、互联互通,在应用中不断促进网络安全态势感知产业的良性发展,最大化地发挥态势感知的优势作用。

第4章　行业网络安全态势感知建设现状

交通运输是国民经济中基础性、先导性、战略性产业，是重要的服务性行业，并与新型城镇化、脱贫攻坚及京津冀协同创新发展、“一带一路”建设、粤港澳大湾区发展、长江经济带发展等规划相衔接，构建中国现代综合交通运输管理体系，是把握并适应世界政治经济不断发展的新常态，推进供给侧结构性改革，推动国家重大战略和规划实施，也是支撑全面建成小康社会的客观环境要求。

20世纪90年代以来，经过四至五个国家的五年规划重点扶持，我国交通运输行业在客货运输服务体系、交通运输技术装备、交通运输安全保障和节能环保、交通行业管理体制改革等方面均取得长足进展，总体适应了经济社会发展要求，特别是，2019年9月中共中央国务院下发了“交通强国建设纲要”，以促进从追求速度规模效应的交通发展模式，转变为更加注重质量和效益的交通发展轨道上去，从传统的单一建设交通基础设施模式，逐步转化为综合交通立体发展的模式，以依靠传统要素驱动的交通建设需求模式，向更加注重创新驱动型转变。以建立一个安全、便捷、高效、绿色、经济的现代化综合交通运输体系，打造一流的设施、一流的技术，更加注重整合一流的管理、一流的服务，打造人民满意，后勤保障有力，以运输能力达到世界的前列为目标，为建设社会主义现代化国家提供强有力保障支持，实现中国梦的伟大复兴。

我国在2019年发布的《关键信息基础设施安全保护条例(征求意见稿)》中提出了关键信息基础设施保护范围，其中强调：一旦交通领域的单位所运行、管理的网络服务设施和信息系统遭到攻击，关键基础设施丧失功能，或者关键信息基础设施的数据遭到泄露，将严重危害我国经济社会安全、国计民生和公共利益。将关键信息基础设施纳入关键信息资源基础设施保护工作范围是当务之急，要求交通运营者应当按照我国网络安全风险等级保护制度的要求，履行安全保护义务，保障关键信息理论基础设施免受干扰、破坏或者未经授权的访问，防止网络相关数据泄露或者被窃取、篡改。交通运输行业网络安全态势感知系统主要功能包括：数据采集、数据存储、分析模型、安全事件、大屏展示、预警和处置、协同共享等多个方面，是一种典型的行业态势感知综合业务数据集成系统，其涉及的应用子系统庞杂，技术种类众多，所以在交通运输行业的关键信息基础设施和重要信息系统保护工作过程中，对网络安全态势感知关键技术和系统建设规范有着非常明确和迫切的要求。

综上所述，在我国全面建成小康社会的决战时期，在交通运输行业全面深化改革阶段，交通运输行业发展的内外部环境正在发生深刻变化，交通运输现代化建设越来越离不开信息化的引领和发展，离不开网络安全态势感知能力的有力保障。

4.1　行业信息化发展现状

随着互联网络高速发展，现代社会已经步入信息社会。在信息化和智能化引领现代交通运输业发展的背景下，信息化应用已向交通运输管理和服务各个领域的渗透和融合，逐渐成为交通运输行业改变传统发展模式、提升管理和服务水平的重要途径。交通运输信息化建设已成为破解交通运输业发展难题的主要手段和途径之一。交通运输信息化是促进交通运输行业发展方式转变，全面提升交通运输管理能力和服务水平的重要手段。随着交通运输信息化的深入推进，行业信息化建设逐步从分散转向集约，从孤立封闭转向共享开放，从以政府推动为主转向政企合作推进。交通运输信息化即将迈入全面联网、业务协同、智能应用的新阶段。

4.1.1　行业信息化发展历程

信息化是当今世界发展的大趋势，也是我国产业优化升级和实现工业化、现代化的关键环节。公路、铁路、水路、民航等交通作为国民经济和社会发展的基础产业，从“九五”到“十三五”交通行业信息化发展重点在各个时期都有着很大的变化。

其中在“九五”期间我国的交通信息化的建设逐步提速，初步建立覆盖交通运输领域的计算机互联网络系统及重点业务应用系统。“十五”期间，着重推进公路、水路交通信息化和着力解决交通发展的质量、效率、安全及服务等根本性问题，加快产业优化升级和结构调整。把信息化放在优先位置，加强现代信息基础设施建设，广泛应用信息技术，提高运输方式、运输技术、运输组织管理和交通基础设施建设的现代化水平，发挥后发优势，实现公路、水路交通的跨越式发展。“十一五”期间，在进一步加速完善交通信息化基础设施建设的同时，更加注重交通信息资源的合理开发、利用和整合，提高行业运行效率，改善服务质量，增强市场监管能力和应对重大突发事件的能力。“十二五”期间，提供全方位的交通信息服务，以适应转变政府职能、构建节约型社会和和谐交通，把我国交通行业建设成为创新型行业，并在交通信息化领域取得新的突破。

“十三五”时期，全球信息技术革命持续迅猛发展，“互联网＋”和大数据上升为国家战略，互联网成为交通运输的重要基础设施，智慧化成为交通运输系统的显著特征，对行业治理体系和服务模式产生广泛而深刻的影响，行业信息化发展面临前所未有的重大机遇。建设国内国际通道联通、区域城乡覆盖广泛、枢纽节点功能完善、运输服务一体高效的综合交通运输体系，对交通运输信息化提出了新的要求。我国自“九五”开始至“十三五”时期交通行业信息化发展重点内容比较，如表4-1所示。

“九五”到“十三五”时期交通行业信息化发展的重点内容　　表4-1

时　　间	主要建设内容	信息化发展重点
“九五”时期	初步建立覆盖交通运输领域计算机互联网络系统及重点业务应用系统	建设交通运输信息网络卫星专用数据交换枢纽站及网管中心； 建设中国交通运输信息网络（CTInet）； 建设交通运输 EDI 信息网； 建设部机关局域网
“十五”时期	在“九五”CTInet 建设基础上，通过电子政务、物流与电子商务、交通智能运输等领域的建设，完善 CTInet 的建设	建设交通行政主管部门办公业务管理系统； 开展物流、电子商务的研究和应用； 水上安全监督信息系统续建； 建设公路智能运输系统； 建设水路运输信息系统

续上表

时　　间	主要建设内容	信息化发展重点
“十一五”时期	在客观分析行业发展需求的基础上,结合国家交通行业信息化建设经验,建设两级数据中心、三大综合信息平台、三大应用系统,完善两大门户网站、三个保障体系和一个通信信息基础网络	交通基础设施建设与管理信息化建设; 实施交通科技创新和人才交流战略; 交通运输生产管理信息化建设; 水上交通安全和救助系统建设; 交通运输设备现代化建设; 交通产品营销信息化建设; 交通科学技术信息化建设; 交通政务信息化建设; 建设节约型交通
“十二五”时期	通过一批带动性强的行业重大信息化项目的实施,全面提高交通运输智能化、现代化水平,提出对我国公路水路交通安全应急、出行服务、市场监管、决策支持等方面的信息化建设	公路水路安全畅通与应急处置系统建设; 公路水路交通出行信息服务系统建设; 公路水路建设与运输市场信用信息服务系统建设; 交通运输经济运行监测预警与决策分析系统建设; 综合运输协同服务系统建设; 区域物流公共信息服务系统建设; 城市客运智能化系统建设; 深化各业务领域的信息化管理建设; 深化各业务领域的服务应用,增强公共信息服务能力; 完善行业信息基础设施,提升通信信息网络支撑能力; 完善部省两级数据中心体系,提升行业数据服务能力; 构筑行业网络安全保障体系,提升网络安全防范能力; 完善行业信息标准框架体系建设,提升信息共享协同能力
“十三五”期间	继续推进“十二五”安全应急、市场信用、出行服务、决策分析四个行业信息化重大工程,按照国家信息化工作总体部署,结合行业信息化发展实际需求,着力推进落实国家信息化战略任务,全面支撑国家三大战略实施,重点开展“三推进、五提升、两保障”行业信息化工程	“互联网+”便捷交通推进工程; 国家交通运输物流公共信息平台推进工程; 交通运输数据开放共享能力提升工程; 交通运输运行监测与应急处置能力提升工程; 交通运输安全生产监管监察能力提升工程; 交通运输行业协同执法能力提升工程交通运输政务管理效能提升工程; 新技术创新应用推进工程; 交通运输通信信息网络保障工程; 交通运输网络安全保障工程; 建设完善交通运输网络安全基础设施; 建立健全关键信息基础设施安全保障体系; 推动重要信息系统自主可控技术应用; 完善交通运输网络和信息安全标准; 保障交通运输信息化新技术应用安全; 构建交通运输网络安全发展良好环境; 引导重点运输企业网络安全防护工作

综上所述,我国交通运输行业发展正在由资源高消耗、劳动力低成本向信息化和工业化融合方向转变,交通运输信息化建设正在由传统的交通运输发展理念向以信息技术为主体的现代交通运输发展理念转变;信息技术的不断推广和应用,必然引起生产效率的空前提高;管理方式的根本变革、成本的大幅度下降、资源配置的全面优化和充分利用,必然成为交通运输业发展和传统运输方式优化升级的强大推动力。

4.1.2　行业信息化发展现状

当前,我国交通运输信息化已取得长足进步,转变发展方式成果显著,建设了大量基础信息网络和应用系统,积累了海量的数据资源。行业信息化建设呈现快速增长的势头,涵盖公路水路交通安全应急、出行服务、市场监管、决策支持,以及综合运输、现代物流和城市客运等方面。近年来,行业提出"四个交通"发展战略任务,在智能交通建设、资源规划整合、业务应用领域、信息化重大工程、网络安全保障体系等方面取得了一定成绩。与此同时,随着信息技术的快速发展和商业模式的推陈出新,越来越多的企业和社会力量活跃在交通运输信息化建设和服务领域,交通运输领域信息消费增长迅速。总体上讲,交通运输信息化工作包括政府、行业机构和企事业单位等,其管理和服务的信息化发展迅速、成绩显著,涵盖公路水路交通安全应急、出行服务、市场监管、决策支持、综合运输、现代物流和城市客运等方面。在互联网 + 的时代,交通运输行业坚持以智慧交通作为主攻方向之一,移动互联网、云计算、大数据、物联网等信息产业技术在行业内得到充分应用,线上线下结合的商业模式蓬勃发展。长途客运联网售票、12328 服务监督电话开通、城市交通一卡通互联互通、全国 ETC 实现联网等信息化惠民惠企服务措施广受好评。

在"互联网 + "的时代,交通运输行业坚持以智慧交通作为转方式的主攻方向之一,大数据、云计算、物联网、移动互联网等新技术在行业内得到充分利用,线上线下结合的商业模式蓬勃发展。长途客运联网售票、12328 服务监督电话开通、城市交通一卡通互联互通、全国 ETC 实现联网等信息化惠民惠企服务措施广受好评。

1)充分发挥信息化支撑引领作用

交通行业支撑"一带一路"倡议的实施,充分发挥信息化支撑作用。推进交通运输物流公共信息平台互联共享标准在东盟和东北亚地区应用,围绕提供"多元化、立体化"应急空间信息服务,推动各方应急、救助、通航等数据高效共享,实现海上险情有效快速救助。

服务"京津冀一体化"发展战略,推动京津冀交通信息资源交换共享。按照"统筹推进、急用先行"的总体原则,提出京津冀跨区域信息交换共享方式,启动实施政企合作模式的综合交通出行服务信息共享应用示范工程,为京津冀交通运输协同管理、一体化服务奠定基础,有效提升交通信息服务水平和效率。

支撑"长江经济带协调发展"战略,统筹推进长江航运信息化建设。开展长江航运信息化顶层设计,推动长江监管信息平台和治安防控监控系统建设,推进长江航运资源整合和应用协同,促进长江航运电子政务、公众服务、电子商务发展。

2)注重综合效益,提升履职能力

加强行业信息资源体系建设,推动信息资源整合应用,着力突破深层次制度和技术障碍、加快推进行业信息资源共享开放体系建设。开展物流信息互联互通应用,着力推进海事业务数据整合应用,实现道路运政基础数据的整合和跨省业务协同;加强交通运输运行监测与应急指挥系统建设;开展实施全国高速公路信息通信系统联网工程,推动行政执法综合管理信息系统、交通公安综合业务应用系统建设和数字证书系统升级工作,积极推进安全生产监管、国家公路养护管理及船舶监管、救助飞行运行管理,提升交通运输整体效益和管理能力。

3)聚焦服务民生,完善信息服务体系

目前,ETC 实现全国联网,纵贯南北、互通东西的联网格局已基本形成,这对提高高速公路收费效率和车辆运行效率发挥重要作用。推进"互联网 + 便捷交通"实施,搭建开放式交通出行信息云服务基础平台,建立出行服务政企合作长效机制,加强跨地区交通行业数据整合和共享应用,推进"十三五"期交通运输业优化升级,为服务大众创业万众创新提供支撑和保障。

4.2 行业网络安全现状

"十三五"期间,交通运输生产广泛依赖信息技术,网络规模越来越复杂,网络安全新问题、新风险和新挑战层出不穷,形势严峻复杂。随着交通运输行业信息系统安全建设的深入,安全防护能力和技术手段不断提升,为行业信息系统安全运行提供了保障。但是按照国家对非涉密重要业务系统网络安全的总体要求和推进步骤,对比网络安全工作开展较好的部委,交通运输行业网络安全建设工作尚处于起步阶段,在管理体系、技术标准建设、工作覆盖面、重点环节把握和资金保障等方面存在不容忽视的问题。

4.2.1 行业网络安全工作

2017 年 6 月开始颁布实施的《中华人民共和国网络安全法》和国家一系列的政策文件,已将能源、交通、水利、金融、公共服务列入重要行业和领域。交通运输部高度重视网络安全保障等相关工作,成立了部网络安全和信息化领导小组,《交通运输信息化十三五规划》对工作思路形势要求、工作目标、重点任务都进行了详细规划。

《交通运输信息化"十三五"规划》中关于网络安全部分的要求是:"全面应对来自世界各地的网络攻击威胁和挑战,需要在行业内加强网络安全和网络管理的国家安全战略部署。交通运输行业作为国民经济的一个重要领域,与国家安全、社会经济发展、社会秩序和公共利益密切相关,行业网络和重要信息系统是国家网络安全保护中非常重要的一环。交通网络和信息安全正面临着前所未有挑战和潜在的网络攻击威胁,增强网络与信息安全的监测预警和态势感知水平,建立和完善网络与信息安全保障体系,在交通运输行业内全面提高网络安全的风险防范、应急处置能力"。

《交通运输信息化"十三五"规划》中关于网络安全工作原则的有关内容有:"自主创新、安全可控。积极推动移动互联网、云计算、大数据等新技术在交通运输行业的应用,创新管理模式,催生新业态。高度重视网络与信息安全体系建设,坚持自主可控,强化监测预警,确保行业网络基础设施和重要信息系统安全可靠和稳定运行"。

《交通运输信息化"十三五"规划》中关于网络安全工作目标的有关内容有:"信息安全自主可控。行业重要信息系统的安全防护得到全面加强,统一协调的行业信息安全认证体系基本建成,基本实现行业重要信息系统和关键基础设施的安全可控"。

《交通运输信息化"十三五"规划》中关于网络安全主要目标的有关内容有："健全网络与信息安全保障体系。全面评估数据开放、系统互联带来的网络攻击安全风险，全面落实对行业内重点单位涉及信息化关键基础设施建设单位实施信息安全等级保护制度，完善网络安全管理措施，推进部省市三级网络和信息安全通报体系建设。深化网络安全防护、态势感知、信息通报、预警预防及应急处置能力建设，建立完善交通运输行业网络与信息安全监测管理平台、网络与信息安全认证系统。采用安全可信产品和服务，提升基础设施关键设备安全可靠水平。加强国产密码在已建、新建网络和信息系统的应用，组织开展高速公路联网电子不停车收费等重要信息系统的国产密码算法迁移和应用工作"。

近年来，交通运输部陆续出台了《交通运输行业网络安全工作指导意见》等一系列政策文件以及《交通运输信息系统等级保护定级指南》《交通运输行业监测预警平台建设规范》等一系列技术标准，建立了部、省两级预警通报和网络安全检查机制，交通运输部行业主管部门一系列强有力的规划、监督、指导等工作使得全行业的网络安全水平上了一个台阶，网络安全工作得到全行业的重视和全面推进，各单位的行业安全保障水平和能力得到大幅提升。

交通运输网络和信息安全是国家网络安全的重要组成部分，关系到百姓出行、经济发展和国家稳定。为保障和促进交通运输信息化、"互联网+交通"工作的深入推进，应尽快构建适应现代交通运输业发展的网络安全保障体系。当前和今后一个时期行业网络安全工作，将围绕四个方面加快推进：

一是建立健全行业网络安全管理制度。进一步强化各级、各部门的网络安全意识和责任，全面推进重要信息系统定级备案、测评整改、监督检查、应急响应等工作，将网络安全纳入信息化建设、管理和运行的全过程，围绕发展规划、项目立项、建设实施和运维保障等关键环节，做到同步规划、同步设计、同步实施和同步运行。

二是加强行业网络安全保障能力建设。全面贯彻落实国家对行业重要信息系统等级保护、加快推进网络安全日常监控、风险预警和应急处置体系建设，重点开展重大基础设施、重要业务系统和重点领域应用的网络安全保障能力建设。

三是加强行业网络安全保障的人才队伍建设。积极利用市场和社会力量，推动建立行业网络安全专业服务机构和技术支撑团队，加强网络安全教育培训；开展专业化人才培训和资格认证，明确网络安全管理重要岗位任职资格要求，加强行业网络安全主动防护和应急处置的人才队伍保障。

四是加强行业网络安全标准体系研究应用。遵循国家网络安全技术标准体系，结合交通运输行业特点，研究形成适应行业组织管理架构和智慧交通发展要求的行业网络安全管理技术指标和安全服务标准体系，试点示范并逐步在全行业推广应用。

4.2.2　行业网络安全现状

随着互联网的推进与交通运输行业的转型升级，交通运输行业信息化成为推动公共领域快速发展的重要支撑，但频发的网络安全事件却时刻牵动着人们的神经，结合交通运输行业网络安全对管理、技术及运维等层面要求，总结行业网络安全现状。

1)行业主要网络安全威胁

当前，信息化在全世界快速发展，信息技术的应用促进了全球资源的优化配置和发展模式创新,围绕信息获取、利用和控制的国际竞争日趋激烈,保障网络安全已成为各国的重要议题。国务院印发的《关于大力推进信息化发展和切实保障信息安全的若干意见》等一系列网络安全文件,要求健全安全防护和管理,加强能力建设,确保能源、交通、金融等领域涉及国计民生的重要信息系统的网络和信息安全。网络安全,已经上升为关系交通运输安全、可靠、稳定运行的战略性问题。

近年来,交通运输部在推进行业网络安全管理政策制定、组织机构建设、监测检查机制运行、技术防护措施研发应用等方面开展了大量的工作,有力地促进了行业重点领域和重要环节的网络安全保障工作。交通运输行业信息系统是以支撑交通运输行业采集(或获取)、处理、存储、传输、分配和检索信息为目的的人机一体化系统,具备典型的IT系统的特征,因此将面临着传统IT系统所面临的各种网络安全威胁,主要包括:

(1)环境因素。

自然灾害:水灾;火灾;地震等。

环境危害:电力供应;静电;温湿度;鼠蚁虫害。

(2)故障:软硬件故障;线路故障等。

(3)人为因素。

恶意的:内部不满人员恶意破坏;内部人员内外勾结获取利益破坏;外部利益团体恶意破坏;外部炫耀展现恶意破坏。

非恶意的:专业能力不足出现的破坏;缺乏责任心、不专心导致破坏;没有遵循故障制度和操作流程导致破坏。

上述网络安全威胁对行业信息系统造成的影响主要有:

(1)自然灾害、环境危害、软硬件故障等威胁,会造成基础设施的破坏,无法提供满足生产运行的基础环境,造成无法正常提供服务。

(2)由于人为疏忽等原因导致了偏离正常操作行为的出现,同时管理制度、规范、流程的不合理以及制度规范未得到有效落实,内部技术人员未规范进行系统部署、升级、变更、维护等操作,以及利用系统使用权限和访问便利性,窃取或篡改敏感数据,对信息系统恶意破坏,影响系统运行造成系统故障,不能正常运行,无法提供服务,以及出现数据丢失、破坏、信息被篡改等情况。

(3)物理环境受到破坏时,会导致温湿度不受控制,电力、通信和交通受阻,信息系统不能正常运行,机房不能正常运行,信息系统必须关闭或者切换到备份系统。

(4)由于网络结构设计不合理,会导致高峰期系统不稳定,运行缓慢甚至出现瘫痪状态,容易被黑客入侵乃至控制整个网络。

(5)产品设计缺陷、硬件老化等原因导致设备故障,进而影响行业业务系统的正常运行。

(6)对于设计不合理、代码逻辑错误、测试不充分、系统处理压力较大等原因,导致软件固有缺陷被触发,数据库出现死锁、操作系统运行不稳定、应用程序异常,造成系统运行缓慢或者瘫痪。

(7)由于管理制度、规范、流程的不合理以及制度规范未得到有效落实,技术人员未规范进行系统部署、升级、变更、维护等操作,导致信息系统被破坏,影响系统运行,破坏系统及数据的保密性、完整性、可用性等。

2)行业网络安全管理现状

网络安全管理层面主要分为两个部分:网络安全管理机构及网络安全管理制度。网络安全管理机构包括网络安全管理部门,网络安全责任部门,网络安全技术人员,最重要的安全管理三员(系统管理员、安全管理员、安全审计员)。目前,交通运输行业各单位基本都落实了网络安全分管领导以及网络安全管理机构,但现阶段行业组织结构比较复杂,安全工作职责不清晰,岗位设置不够合理,兼职、职责交叉等问题较多,技术人员相对缺乏,缺少体系化、整体性的信息安全组织机构规划,这些问题都会影响行业整体网络安全形势的发展。

从网络安全管理制度角度来看,行业各单位对日常运维保障较为重视,但在安全策略、人员安全管理、安全建设等方面存在投入不够、投入不足等问题,相关组织机构及岗位职责体系尚未规划和建立。部分单位现有的安全管理体系不能满足行业网络安全管理要求和适应国家要求,如,未制定网络安全的总体方针策略,并根据总体策略制定网络安全管理体系等。

交通运输行业各单位部分制定了网络安全制度建设约90%以上,其中建立了较为完善的网络安全管理体系的约75%。目前行业大多数单位认真贯彻行业要求,建设并执行了网络安全管理制度,在“人员管理、系统运维管理、系统建设管理”三项制度的基础上,制定了系列制度和规程,全面加强制度落实,近几年取得显著的成效,安全隐患和安全事件大幅下降。

对行业各单位开展常态化的监督检查和考核已成为交通运输网络安全管理工作的重要抓手,是推进行业网络安全进程的重要手段。交通运输行业主管部门非常重视行业网络安全监管工作。当前条件下,行业各级网络安全监管主要通过检查的方式来实现,具体包括常规性检查以及专项检查两种形式。

(1)常规性检查。主要是落实网信办、公安部和工信部等国家有关主管部门的要求,从组织机构、制度建设、技术措施、安全管理和责任落实等各方面开展检查网络安全工作。每年的常规性检查虽然内容基本一样,但侧重点结合实际有所不同,目的是通过检查使各单位强化安全意识,推进安全工作,不断提升水平,做到网络安全“常抓不懈”。网络安全常规检查与生产安全检查的工作实质大致相同,只是检查力度需进一步加强。

(2)专项检查。主要是以某个或几个重点工作为主题的检查,针对国家、交通运输部等专项工作,常规性检查发现的突出问题,以及工作中发生或出现苗头的共性问题进行重点和深度检查,目的是突出重点,专项治理,带动整体工作,做到网络安全“常抓常新”。如对应用系统安全专项检查、关键基础设施建设网络安全、网络安全防范技术、网络信息安全、保密管理等情况进行安全检查。

当前各级行业部门大多以“各单位自查为主,上级主管部门抽查为辅”,行业主管部门组织开展各种类型的专项抽查的目的,一是检查受检单位工作情况,指导受检单位做好工作;二是深入了解和掌握受检单位网络安全技术保障情况,协助受检单位发现漏洞和隐患;三是检查受检单位上报情况与实际的差异性、真实性、有效性。

抽查主要有工作检查和技术检测两种方式:工作检查,主要是召开会议、听取汇报、人员访谈、查阅资料和现场查看等,目的在于发现管理上存在的问题;技术检测,委托交通运输信息安全中心或第三方专业技术机构使用专业设备、采用标准的方法有针对性地进行技术检查,发现查找技术隐患和风险。

通过对近几年部、省两级主管单位多次安全检查结果的分析，当前以网络安全检查为主要手段的行业网络安全监管存在一些问题和不足：

(1)检查深度和广度不够，主要体现在抽查和各单位间的互查工作不足。

(2)各单位的自检多以工作检查方式为主，缺少统一标准的专业性和技术性检查，很难发现防护措施的不足和系统存在的安全漏洞和隐患。

(3)网络安全检查工作还未全面落实到生产经营管理的各项日常工作中，多数单位仍把检查工作局限于信息化相关运维保障部门。

(4)交通运输行业尚未建立起针对行业重要信息系统及网络的信息安全全面的监督管控机制。缺少先期发现行业重要信息系统网络安全问题的方法、机制、手段，面向行业全局的网络安全管理工作相对滞后，无法形成反映行业网络安全总体态势的全局性视图及预警机制。

3)行业网络安全技术现状

交通运输行业大多数重要信息系统的主管部门和运营使用单位对安全管理工作比较重视，且取得一定成效，交通运输行业在网络安全技术和产品研发、人员和经费投入等方面在不同单位、不同地方存在较大差异，与海关、金融、能源等重点行业的安全防护投入及保障能力相比有一定差距。

国家互联网应急中心发布的恶意程序、漏洞隐患、移动互联网安全、网站安全以及云平台安全、工业系统安全等方面的互联网宏观监测数据显示，通用软硬件漏洞数量持续增长，且影响面大、范围广。2019 年，CNVD 新收录通用软硬件漏洞数量创下历史新高，达 16193 个，同比增长 14.0%，与此同时，2019 年我国事件型漏洞数量大幅上升。CNVD 接收的事件型漏洞数量约 14.1 万条，首次突破 10 万条，较 2018 年同比大幅增长 227%；并且高危零日漏洞占比增大，近 5 年来，“零日”漏洞收录数量持续走高，年均增长率达 47.5%。2019 年收录的“零日”漏洞数量继续增长，占总收录漏洞数量的 35.2%，同比增长 6.0%。交通运输行业网络安全形势不容乐观。

交通运输行业各单位均配备基本的安全防护设备，如防火墙、防病毒系统约 85%、90%，另各单位根据自身需求还配备了一些其他的安全设备，大多数单位具备基本安全防护及病毒防范能力。下面将分别对各个技术防护层面进行阐述。

(1)网络安全防护方面

各单位较注重传统安全攻击的防护，防火墙等常规设备配备的比例较高，随着互联网形势日益严峻，交通运输行业信息化建设面临着巨大挑战。由于攻击者攻击手段日益发展以及行业信息化程度不断提高，近年来行业网站入侵、网页篡改、DDoS、网络监听等事件频发，面对这些攻击行为仅配备防火墙是不够的。其他的安全防护手段如使用 VPN 接入设备、UTM 安全网关等约 50%，配备入侵检测系统比例约 56%，部署入侵防御系统不足 1/2，当前行业网络安全形势不容乐观。

(2)主机、系统安全防护方面

各单位较侧重传统安全攻击的防护，防病毒系统占检查单位所配备主机安全产品的比例最高，部署漏洞扫描系统仅占约 1/3，部署的主机加固系统约 1/4。漏洞扫描系统与主机加固系统是一类重要的网络环境安全关键设备，可与防火墙、入侵检测控制系统等互相配合,能够有效提高企业网络的安全性。主机加固可将各种恶性病毒、木马有效拒之门外,较大程度阻挡威胁,有效保障计算机系统的正常运行。

(3)应用安全防护方面

随着 Web 应用的不断推广,依托 Web 为基础的服务越来越丰富。各单位门户、邮件网站和各类行政办公、业务管理系统在交通运输业支撑系统中占有越来越重要的地位。同时,针对 Web 应用的攻击也呈现逐年增加的趋势,攻击手段更加多样化,由原来针对底层服务的攻击越来越多的转化为针对应用服务的高层攻击。但从各检查单位的检查结果来看,针对于 Web 应用的防护建设几乎为零,如果不能有效地保护好 Web 应用,将会带来巨大的损失。经统计,交通运输行业应用层开展安全防护的单位仅约为 40%,目前主流应用防护设备有采用密钥系统、身份认证系统、网页防篡改及 Waf 等应用安全防护方式。

(4)数据安全防护方面

日常数据库维护、用户账号管理、数据备份等工作中,缺少有效的审计手段,系统无法完全真实地记录各个管理员和工作人员操作过程。目前数据库系统会提供一些自带的日志审计功能。当发生与数据内容相关联的问题时,自带日志审计是难以满足要求的,大多需要采用第三方设备对重要数据库进行监测审计,对敏感数据进行实时监控,对违规操作进行追根溯源和智能控制。不论数据存放在何处,都应该慎重考虑数据安全风险,对应对突发性故障或灾难事件、数据的备份及快速恢复十分重要。目前,交通运输行业具备数据备份与恢复系统的单位比例约 1/3,配备了数据库审计系统的不足 1/3,配备数据加密系统或数据库防火墙的不足 15%。

(5)安全管理平台方面

经过多年的发展,行业信息化基础设施和建设已经初具规模,行业各单位基础设施都基本建设完成。面对这些复杂的 IT 设施及其所承载的业务系统,安全管理平台的缺乏越来越成为制约行业各单位信息化水平进一步提升的瓶颈之一,部分单位已经主动部署安全管理类产品,但交通运输行业部署了网络安全态势感知平台的单位仍然占比很少,部分部属单位因为分析研判人员不足、威胁情报缺乏等因素,发挥作用不明显,网络安全管控水平与信息化快速发展不匹配。

4.2.3　行业网络安全专业机构

2013 年 10 月,交通运输部批准成立了“交通运输信息安全中心”,是交通运输行业唯一的网络安全专业技术机构,隶属于中国交通通信信息中心。2016 年,中国交通通信信息中心投资 1 亿元对交通运输信息安全中心进行实体化运作,注册成立“交通运输信息安全中心有限公司”(以下简称“信安公司”)。该公司主要职责是承担行业重要网站和信息系统数据安全、安全检测、等级测评、网络安全监测预警、应急处置等技术支持和服务保障,积极参与交通运输行业网络安全政策规范、行业标准的研究,推动行业网络安全技术应用和开展人才培养、积极组织行业网络安全业务培训等工作。这一行业专业技术机构的成立是顺应行业信息化工作和网络安全工作的发展态势和安全形势。

交通运输信息安全中心从成立之初的八名人员,如今已发展成为拥有近 70 人的专业技术队伍,实现了人才队伍和能力水平的双提升。交通运输信息安全中心非常注重加强与国家专业队伍、科研所院所、高等院校、网络安全业界知名企业的合作,汇集各方智慧和力量,吸取了国内外先进经验,逐步成为行业特色鲜明的网络安全保障的权威机构和技术力量,培养了一支“政治可靠、特色鲜明、懂安全、熟悉行业”专业技术队伍,多年来积极参与行业网络安全管理与技术政策、规划、标准等研究工作,为国家和行业网络安全工作提供坚强、有力的保障。

交通运输信息安全中心在交通运输部网络安全主管部门的领导和帮扶下,以及中国交通通信信息中心的大力支持下,承担了交通运输部部机关和公路、水运、海事、民航、救捞、铁路、邮政等领域重要网站和信息系统的安全保障工作。近年来,信安公司为部属单位、10 多个地方交通运输管理部门、大型港口集团、高速公路集团等提供了持续高质量的网络安全技术服务。在 2019 年取消高速公路省界收费站网络安全专项工作中,为福建 、广东 、湖北、湖南 等 20 多个高速公路建设运营管理单位提供了并网接入网络安全检测,保障了全国高速公路收费系统顺利并网运行。信安公司的业务正在逐步向交通运输行业外拓展,为多个其他部委所属单位的网络安全服务工作。在多个国家重大活动和重要时期的网络安全保障任务中,取得了网络安全保障“零事故”的成绩。

交通运输信息安全中心近年来发展迅速,获得了多项资质,被多个行业主管部门授予了相关机构:

1)交通运输信息安全等级保护测评中心

2016 年,公安部批准成立“交通运输信息安全等级保护测评中心”(证书编号:DJCP2016000013),国家信息安全等级保护协调小组办公室授权该团队“交通运输信息安全等级保护测评中心(国-013)”,在全国范围内开展交通运输行业网站和信息系统的等级保护测评工作,为网络安全等级保护定级、整改加固、宣传教育等提供技术支持,按照需求单位网络安全保障的需求提供安全运维、应急保障、安全咨询等服务,成为第十三支等级保护测评国家队。

2)国家保密科技测评中心交通运输系统测评实验室

2017 年,国家保密局批准成立国家保密科技测评中心交通运输系统测评实验室,在国家保密局的统一安排,部保密委的领导和监管下,开展交通运输行业(公路、水运、海事、民航、救捞、铁路、邮政等领域)涉密信息系统安全测评、上线检测,承担行业年度信息安全保密检查、协助行业安全保密管理与事件处置等工作。

3)交通运输行业网络安全技术研发中心

2017 年,经交通运输部审核认定,依托交通运输信息安全中心有限公司成立行业网络安全技术研发中心,面向交通运输行业网络安全领域,进行科技研发与成果转化,实行“开放、合作、流动、竞争”的运行管理机制,制定网络安全数据采集处理、技术研发、工程化应用一体化协调发展的技术路线,打造领先的网络安全技术创新“国家队”和行业顶级决策支撑“智库”。在 2019 年交通运输行业重点科研平台主任联席会议上,获得“2019 年度交通运输行业十大科研创新平台”称号。

4)国家商用密码应用安全性评估机构

2018 年,经国家密码管理局批准,信安公司正式成为全国第一批 26 家商用密码应用安全性测评机构试点单位之一,列入商用密码应用安全性测评机构目录。在 2018 年商用密码应用安全评估试点工作总结中,信安公司以优异的成绩位列国家商密测评机构综合能力前五名。2019 年在国密局字〔2019〕321 号文中,信安公司被列为扩大 16 家商用密码应用安全性测评机构试点。

交通运输信息安全中心通过近几年的努力已跻身于国内一流安全服务专业技术队伍,陆续取得了国家风险评估资质、信息系统安全集成资质、信息安全服务资质、国家信息安全服务等 4 项国家级资质,多为行业内唯一,成为了“国家网络与信息安全通报技术支持单位”。包括:国家级“交通运输信息安全等级保护测评中心(国-013)”、国家信息安全风险评估服务资质(一级)、国家信息安全服务资质安全工程类(一级)、国家信息系统安全集成资质,CNAS 软件测评实验室证书,以及国家注册信息安全专业人员授权培训机构等。交通运输信息安全中心这支队伍已成长为国家级网络安全保障专业技术机构。

4.3　行业态势感知建设现状

近年来,交通运输行业在促进网络安全管理政策的制定,构建行业网络安全建设、监测和考核机制的全面运行,以及信息安全技术开发和技术保护措施等方面已经开展了大量的工作,有力地促进了行业的重点区域网络安全保障工作的顺利实施,成为行业信息化安全建设的重要组成部分。然而,网络中的信息化安全局势的逐步恶化,在交通运输行业领域中已经逐渐显现,比较典型的代表是物联网、大数据、移动互联网新技术在交通行业领域的应用,其中的网络安全风险正伴随着公众交通出行的便捷性与日俱增,云计算进一步打破了传统的网络安全边界,网络安全管制的物理界限被打破,新型互联网 + 交通的业态模式正在构成交通行业信息网络成长中重要的一部分,交通行业政府网站和关键业务系统已多次成为被重点攻击的目标。

网络安全态势感知平台是基于网络安全的数据存储、数据处理和采集、数据分析、态势预测、态势可视化的理念进行功能设计的,能够全面、有效、及时地向交通运输行业各单位提供业务数据分析、安全预警和应急服务。交通运输行业信息化建设发展是以行业信息化重点工程和示范试点工程为依托,努力实现交通运输信息化的左右连通、内外融通和上下贯通,促进新时期交通综合运输体系发展。交通运输行业有很多重要的大型数据网络平台如路网监测、救助信息、运营管理、物联网监控、智能交通管控等,这些大型网络数据平台的安全管理和网络安全是关系到行业稳定发展和国计民生的重要环节,必须保障其安全稳定。因此,利用先进的网络安全态势感知策略积极构建行业信息安全体系,通过“防护 + 监测 + 响应”来全方位保障网络安全已经成为必行趋势。

4.3.1　行业当前建设重点内容

习近平总书记在网络安全和信息化工作座谈会上指出要全天候全方位感知网络安全态势。要建立一个统一高效的网络系统安全技术风险分析报告机制、情报共享机制、研判处置机制,准确把握网络环境安全风险问题发生的规律、动向、趋势,加强综合运用各方面掌握的数据资源,加强大数据挖掘分析,更好感知网络安全态势,做好风险防范。习总书记的这一重要论述,为交通运输行业发展网络安全态势感知提供了重要指导。

在“全天候全方位感知网络安全态势”的背景下,《交通运输信息化“十三五”规划》中关于网络安全主要建设目标的有关内容明确要求:“健全网络与信息安全保障体系。全面评估数据开放、系统互联带来的网络攻击风险,全面实施信息安全等级保护制度,完善网络安全数据共享和安全管控措施，推进部省市三级网络和信息安全通报体系建设。深化网络安全防护、态势感知、信息通报、预警预防及应急处置能力建设”。由此，交通运输行业行政部门单位及行业内大型企业等用户正在加紧建设网络安全态势感知平台。

交通运输行业网络安全态势感知是指对行业内的系统和网络、信息资产、业务信息平台以及业务运行状态的持续性安全监测与维护，强调安全运营管理人员在工作中的人为参与和行动，此过程是长期的、日常型的工作，不仅需要安全运营管理人员在技术上予以保障，同时也需要网络安全专业人员能够利用行业态势感知知识库的技术经验和安全事件应急处置知识在关键节点对安全工作提出指导，确保运转过程平稳。即便发生了针对基础设施、信息平台、应用系统及其运行环境的安全事件，也能够迅速采取一系列响应和恢复措施以维持各业务的正常运行。行业网络安全态势感知系统的要素与网络安全运营要素在技术上高度保持一致，在风险评估、监测预警、应急处置、信息通报、信息服务、持续改进各个阶段提供有效的技术支撑，从运营管理的角度，行业网络安全态势感知系统的建设内容关注点如下：

1）风险评估

行业网络安全态势感知的第一步是风险评估。通过风险评估过程确定整体的信息资产安全需求，为制定和实施安全策略提供依据。对于行业和企业用户来说，经营政策、客户资料、交易信息、客户路径信息、支付信息、通信网络、IT 基础设施、信息系统、内部网络、使用的软件、主机、单位组织内部人员，以及与此相关的信息资产均属于评估范围，这方面也是网络安全态势感知系统的能力基础。

2）监测预警

由相关方以网络安全目标和相关标准为依据，通过网络安全态势感知系统支撑建立信息通报制度以及网络安全监测预警机制，加强网络安全信息通报、收集、分析和处置工作，按照规定定期将网络安全监测预警信息在行业内进行通报，对关键信息基础设施中的系统和网络、信息服务平台及业务的脆弱性和风险进行检测和扫描，及时发现安全风险并报警。

3）应急处置

在发生安全事件时，执行应急处置措施，定期上报重大安全事件以及应急处置规程中的更新建议。同时，在安全运营过程中，必须制定网络安全事件的管控机制，用来指导应急处理应急预案。按照应急预案程序，形成网络安全风险分级，特别是态势感知系统中网络安全事件的分级制度，根据网络攻击后的事态严重程度、范围等因素的分层标准，并按照相应的应急措施预案，用技术流程化的推进应急处置策略，对安全事件实施安全控制，确保信息业务流程按照规划目标恢复，并且能够将应急处置的安全事件经验存储起来以不断提供行业应急事件处置经验积累。

4）信息通报

安全运营的过程中，信息通报模块负责交通运输行业通报管理工作，主要实现信息上报、安全资讯推送、等级保护整改通知、通报数据统计等功能。通报系统支持各单位对自身资产进行管理和上报，当发生安全事件，应建立安全取证机制，建立全流程有效的责任追踪机制，明确各信息通报环节的主体责任，匹配当前各单位已经制定的信息系统安全岗位责任制度，从另一方面也是将部、省、企业相关监督工作落实。信息通报能够详细记录用户信息通报的活动信息，包括时间、地点、操作和操作结果，以建立追踪溯源的数据基础，并且保证证据数据在调查和取证过程中不被改变和删除。

5)等保合规

等保合规能够通过参照信息安全等级保护管理规范和技术标准,对交通行业信息系统分等级实行安全保护,助力于企业实施和管理等级保护工作。安全等级保护的合规性主要是指单位内运行的软硬件系统在支持本单位日常工作中,其运行环境符合等级保护具体分级标准,并按照分级标准进行等级测评和备案。解决系统未备案、资产底数不清、测评检查能力不足、与其他模块碰撞和互动不充分的问题。

6)信息服务

主要是态势感知系统与用户信息交换过程中的快捷人机界面,涉及与个人用户紧密相关的系统服务、个人工作台、信息服务驾驶舱和情报等,主要对交通运输行业内部资讯、告警信息、威胁情报进行通知和信息获取。行业的态势感知系统服务还会对当前网络安全领域中新闻动态、前沿课题和行业内部的统计数据等进行展示,促进个人用户对行业态势感知平台的使用以及网络安全工作能力的提高。

7)持续改进

以网络安全态势感知系统支撑的安全运营框架促进了用户风险管理的理念和持续改进。网络安全风险是可以进行管理的,这一理念强调网络安全的预判机制,是在可控成本范围内,对网络环境进行识别、控制、降低或消除可能产生影响企业运作的各种网络安全风险。这一理念强调网络风险需要持续优化调整,不断改进现有安全模式,遵循规划、实施、监控、改进的 PDCA 循环,不断地适应网络环境安全态势感知系统,研究动态变化的情况,使得网络安全水平持续的提升。

综上所述,行业网络安全态势感知系统应用的主要趋势将会是:通过网络安全态势感知系统打造统一的支撑安全运营的平台,将改变用户以往多套平台、多套系统林立的局面,提升行业安全运营的全局观和整体效率,便捷地获取和共享威胁情报信息,促进整个网络安全环境健康、有序发展和覆盖范围的不断扩展。

4.3.2　行业网络态势感知平台建设标准

交通运输行业作为国家基础支撑行业,对于整个社会经济的发展起着至关重要的作用。由于交通运输行业关系到每个人“行”的问题,因此相对于其他领域具有更高的关注度以及相关性。具体表现在,交通运输业不仅要实现货物和人员跨境流动、协调产业布局、促进落后地区经济发展,促进上下游产业发展,而且也承接了大量的国家重点物资、紧急运送物资、救灾物资等的运输任务;此外,交通运输业与国防建设和国土开发息息相关,即需要重点支持国家经济建设,又需要抵御自然灾害、支撑救灾救援、保障应急服务、维护国家稳定、巩固边疆稳定等。交通运输行业的具体划分领域也非常复杂,主要包括铁路、公路、水运、民航、邮政、海事、救捞等,并且每个领域都在行政组织架构、业务覆盖地区、相关联企业单位等方面错综复杂又紧密联系。

为贯彻落实《国家综合交通运输信息平台总体技术方案》要求,促进交通运输行业态势感知平台“五大功能、六个统一”体系框架的建设进展,《平台》作为“做好平台网络安全保障”功能的牵头工程,承担“六个统一”中“网络安全保障”的建设任务,在交通运输行业既有的信息安全保障体系和覆盖部、省两级的信息安全通报预警及安全检查工作机制的基础上,结合系列新型的网络与信息安全技术，构建持续性的等保评估评价、安全监测、预警通报、协同响应和情报共享的行业网络安全态势感知体系，强化交通运输行业关键信息基础设施的安全稳定运行，建立、健全和完善交通运输行业网络空间监测预警体系，形成了立体化、多维度交通运输行业网络空间治理的最佳安全实践。

2020 年起，行业陆续出台与网络安全态势感知平台的建设相关的规范，如：《交通运输行业网络安全预警监测平台建设规范》《交通运输行业网络安全预警监测平台数据情报共享规范》和《交通运输行业网络安全态势感知平台接入规范》。

1)《交通运输行业网络安全预警监测平台建设规范》

本规范重点描述行业网络安全态势感知平台建设情况，总结提炼了态势感知平台建设后需具有的主要功能，包括监测预警、态势感知、威胁情报、安全评估、信息通报及资产识别。这里所提及的"态势感知模块"是相对缩小的概念，主要是实现网络安全数据的采集、处理、分析，与其他的监测预警、威胁情报、安全评估、信息通报及资产识别模块共同构成了完整的行业网络安全态势感知平台。规范中也对平台建设采用的技术路线提出指导，主要是根据网络安全态势感知主流技术实现方式，结合行业内网络环境及真实数据情况，提出技术架构，包括数据采集技术、数据总线技术、数据分析技术等；并且结合行业网络安全态势感知平台的运维工作，特别是在平台人员管理、配置管理、数据管理、等级保护方面提出了相应的规范化要求。

《交通运输行业网络安全预警监测平台建设规范》的发布将会有效规范交通运输行业网络安全态势感知平台的建设方式、提升数据交换共享服务水平，规范平台中的各项功能细化技术要求，为部级、省级和相关企业态势感知平台的网络安全态势呈现以及网络安全环境的保障具有重要的现实意义和显著的社会效益。

2)《交通运输行业网络安全预警监测平台数据情报共享规范》

《交通运输行业网络安全预警监测平台数据情报共享规范》提出了对行业网络安全态势感知平台的情报数据实现部级、省级、行业相关企业共享的规范，主要内容包括威胁情报信息的共享原则、共享流程及情报数据的格式等。

依据国家相关法律法规，确立了基于行业网络安全态势感知平台运行积累起的行业威胁情报库数据的共享原则，以及从情报数据的产生到使用、存储及共享的相关流程，确定情报数据从产生到共享全流程各阶段的详细要求。

《交通运输行业网络安全预警监测平台数据情报共享规范》的发布将会进一步促进交通运输行业情报数据资源交换共享，提升情报数据交换质量及效率，通过规范平台资源提供的各项数据格式，提高平台情报数据资源管理水平和共享能力，为长期形成具有鲜明行业特色的情报数据共享提供技术指导。

3)《交通运输行业网络安全态势感知平台接入规范》

该规范是为了进一步提升网络安全态势感知平台的工作效率，实现部级、省级和相关企业之间数据传输而确定的一系列接口标准，其中也对各类接入平台的网络安全数据格式进行了统一规范化界定，主要包括数据采集传输模式、数据采集内容及数据接口格式等。针对数据采集重点提出了两种数据传输模式，一种是上下级平台数据接口对接模式，另一种是探针采集数据对接模式，同时总结提炼了网络安全态势感知平台数据采集及传输过中数据格式规范，主要包括采集数据类型、告警类型、事件分类等；并且由于数据传输模式的不同，需要做采集及传输的数据内容也不同，分别明确了平台接口模式下将告警数据及形成的安全事件数据进行传输的要求和探针传输模式下将原始采集数据进行传输的要求；接入规范特别考虑了主流和通用数据交换共享技术，提出的接口方式均满足通用性和先进性原则，其中对各类数据的接口方式提出了字段要求。参照《信息安全技术　信息安全事件分类分级指南》(GB/T 20986—2007)对告警及事件的分类也提出了细分类别要求。

《交通运输行业网络安全态势感知平台接入规范》的发布为促进交通运输行业态势感知平台数据采集及传输规范，提升部级、省级和相关企业网络安全态势感知平台之间向上的部级平台的接入、同级之间的并联和向下多级级联提供了接入标准，并且规范了态势感知平台采集数据及传输过程中的各项技术要求，为各级网络安全态势感知平台的技术接口建设提供技术指导。

第5章　公路领域态势感知平台建设实践

5.1　建设背景

我国一直高度重视运输效率问题。2019年3月,交通运输部迅速做出工作安排,加快取消全国高速公路省界收费站,实现不停车快捷收费。全国高速公路联网收费系统由部联网中心、省联网中心、收费站点等所有联网收费系统和设施构成,全国高速公路收费通行服务实现“一张网”运行,按照我国交通运输部取消全国范围内高速公路跨省界收费站总指挥部部署,公路工程领域全力推进国家取消经济高速公路省界收费站工作,29个联网技术收费省份的两万余套ETC门架系统完成建设,48211条ETC车道建设社会改造已于2019年10月底全部完工,高速公路入口称重检测信息系统设计改造完工率达到100%,全国改造完成487个省界收费站接近100%,全网收费系统联调联试工作顺利完成。截至2019年12月18日,全国ETC用户已累计达到1.92亿人。2020年1月1日,全国高速公路省界收费站全部取消,至此全国高速公路正式迈入了“一张网”时代。

为了更好服务取消全国高速公路省界收费站工作的大局,加强全国高速公路联网收费系统统一网络化系统管理和网络安全防护工作,提高网络攻击行为监测预警和态势感知能力,保障全网安全运行处于可控、可管的状态,交通运输部路网监测与应急处置中心开展“交通运输行业关键信息基础设施保护试点工程”项目建设。公路联网收费系统部、省两级的态势感知平台建设是取消高速公路省界收费站工作和交通运输行业关键信息基础设施保护试点工程的重要组成,根据《取消高速公路省界收费站总体技术方案》《收费公路联网收费系统网络安全管理暂行办法》《收费公路联网收费系统网络高速公路联网收费系统态势感知平台建设方案》《联网收费系统省域系统并网接入网络安全基本技术要求》,我国初步构建全国高速公路联网收费系统网络安全态势感知体系,持续监测网络安全状态,综合分析研判网络安全态势,积极有效应对网络安全事件,为取消高速公路省界收费站工作网络安全提供支撑。

5.2　建设概况

公路联网收费系统部、省两级的态势感知平台是以等级保护和国家关键基础设施网络安全要求和行业相关网络安全为基础,充分贯彻交通运输部网络安全态势感知平台相关建设技术规范与指南,结合当前信息系统安全保障理论的最佳实践,采用新的信息安全保护技术,按照体系化的信息安全防护策略进行的整体规划。

公路联网收费系统部、省两级的态势感知平台强化监测、预警、处置和网络安全风险应对能力,建设一套完整的“事前有防范、事中有应对、事后有追溯”的安全防御体系,并通过合理的安全运营管理,实现新形势下安全管理上台阶、安全技术见实效、综合实力有提升,形成具有主动防御和协同运营能力的新一代网络安全保障体系,支持公路联网收费系统长期安全稳定的运行。公路联网收费系统部、省两级的态势感知平台充分具备适应云计算、物联网、大数据等新技术安全需求，全面贯彻落实国家网络安全等级保护新制度、新标准，遵循规范性、合理性、实用性和经济性原则，通过网络安全态势感知技术落地与实践，实现了对联网收费系统及关键资产设备的重点保护。

公路联网收费系统部、省两级的态势感知平台建成后，初步构建了全国高速公路联网收费系统网络安全态势感知体系，通过部署部联网中心、省联网中心的网络安全态势感知探针，结合网络安全情报数据，实现了覆盖部联网中心、全国各省联网中心及所辖区域等收费相关系统及设施的网络安全态势感知体系，持续监测网络安全状态，平台充分发挥向部级、省级联网中心网络安全管理人员的网络安全态势运行监测、态势分析、可视化展示、研判预警等应用功能，实现对全网、部级节点、省级节点联网收费相关重要业务、数据、计算资源、网络节点、工作终端等网络安全态势的有效掌控，具备快速筛查疑似安全事件的能力，及时发现网络安全突发事件，并为网络安全事件应急处置提供支撑。同时，建立公路联网收费系统部、省两级的网络安全态势感知平台，通过该平台对网络安全数据采集和汇总，综合分析高速公路领域的数据流安全性，与国家、行业等网络安全情报数据共享，将逐步形成全国高速公路联网收费系统网络安全事件库和领域内特有威胁情报等数据资源成果，为行业网络安全管控提供有力支撑。

在全国高速公路联网收费系统安全防护总体要求和指导下，结合全国高速公路联网收费系统网络安全问题和网络安全态势感知需求，初步构建全国高速公路联网收费系统网络安全态势感知体系，具体设计思路为：

1）部、省两级态势感知平台

部、省两级态势感知平台分别采用“流量 + 日志”分析的方式，建设部省级联的网络安全态势平台，初步构建覆盖高速公路全国的部级联网中心、省级联网中心、区域/路段中心、收费站、ETC 门架及 ETC 客户服务系统的收费公路联网收费系统网络安全态势感知体系。

2）部级态势感知平台

部级态势感知平台在监测、感知全国中心系统网络安全运行状态的同时，向省联网中心系统布设网络安全探针，远程部署网络安全评估系统，借助省联网中心系统，结合省级态势感知平台采集的安全日志数据，间接感知省域联网收费系统的安全运行状态，进而实现全国收费公路联网收费系统网络安全状态监测与态势感知。同时，按照交通运输部的安全管理要求，向交通运输行业部级态势感知平台进行信息上报。

3）省级态势感知平台

省级态势感知平台重点加强所辖收费公路网的省联网中心、区域/路段中心、收费站/ETC 门架、ETC 客户服务系统的安全信息采集能力建设，在省域联网收费系统关键节点布设网络安全探针，采集安全日志数据，持续监测省域联网收费系统网络安全状态，综合分析研判网络安全态势，构建网络安全运行监测体系，提高安全运行监测预警能力，基本实现省域联网收费系统网络安全态势感知能力。

通过在全国高速公路联网收费系统部级、省级两级的网络安全态势感知平台建设，达到全网安全态势可视可控、安全预警处置全网联动，确保联网收费系统安全稳定可靠运行，并将全国高速公路联网收费系统网络安全态势向交通运输行业部级态势感知平台进行信息通报,平台整体系统架构如图 5-1 所示。

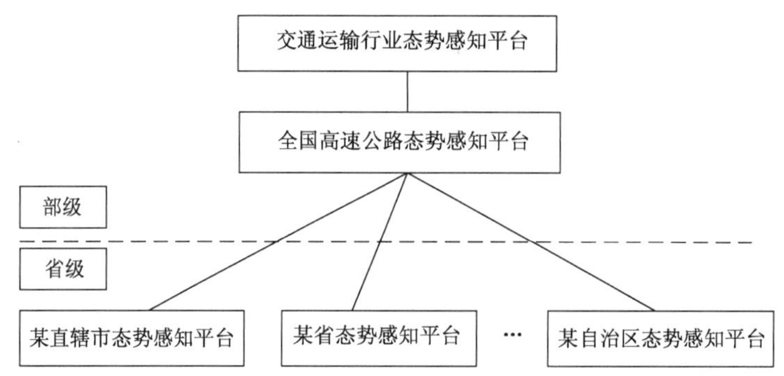

图 5-1 全国高速公路联网收费系统网络安全态势感知平台整体系统架构

5.3 技术架构

构建全国高速公路联网收费系统网络安全态势感知体系是通过部署部联网中心、省联网中心的网络安全态势感知探针以及大量配套的网络安全扫描工具,主要包括安全策略探针、网络流量探针、主机系统探针、网页应用探针、高级持续性威胁探针、蜜罐系统探针、资产管理探针以及网络安全扫描工具等,结合现有网络安全子系统共同完成网络安全数据搜集,持续监测网络安全状态。初步建立起覆盖部联网中心、全国各个省联网中心约 1000 个区域/路段中心、约 30000 个收费站及 ETC 门架等收费相关系统及设施的网络安全态势感知体系。全国高速公路联网收费系统网络安全态势感知平台将基于已有的数据资源、已建成系统、在建系统及正在进行升级改造的系统进行建设,对现有系统及资源进行集成与整合,总体技术架构如图 5-2 所示。

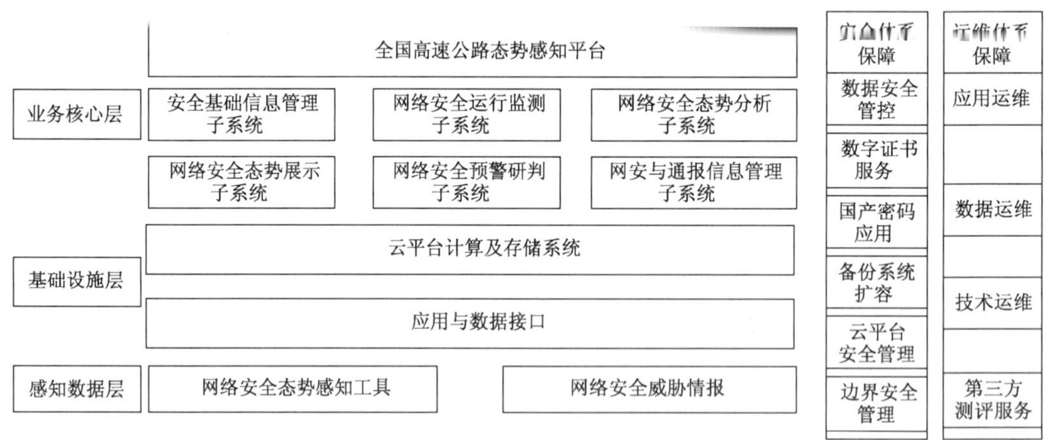

图 5-2 全国高速公路联网收费系统网络安全态势感知平台总体技术架构

由于本次项目的建设内容相对复杂,整体技术架构自下而上,从左到右,纵向进行了分层,横向进行了分域来构建。感知数据层主要由部级各类网络安全态势感知工具、省级网络流量探针及网络安全威胁情报子系统构成。基础设施层主要由云平台提供计算和存储功能，通过相应的应用与数据接口定制构成，实现了部级平台、省级平台、用户之间的互联互通，奠定了全国高速公路联网收费系统的网络通信基础。业务核心层主要提供全国高速公路联网收费系统部路网中心网络安全态势感知平台的核心功能，主要包含安全基础信息管理子系统、网络安全运行监测子系统、网络安全态势分析子系统、网络安全态势展示子系统、网络安全预警研判子系统、网安与通报信息管理子系统等。同时，针对部路网中心网络安全态势感知平台提供了安全体系保障和运维体系保障，确保网络安全态势感知平台自身的安全性、可用性、稳定性。

根据网络安全态势感知工作需要，具体部署实施方面是在部联网中心机房、省联网中心机房分别划分了独立的网络安全态势感知管理区，部省级网络安全态势感知平台集中部署在各自路网中心机房的安全管理区，分别为部联网中心、省联网中心各自管理相关路段中心、ETC 门架等相关节点的数据采集探针。网络安全数据汇聚到态势感知平台后提供相关业务应用服务。传输网络主要采用收费专网进行接入、汇聚各省联网中心与部路网中心传输全国高速公路联网收费系统网络安全态势感知数据，在满足业务需求的基础上，确保了通信数据的稳定性、可靠性；同时，可以根据需要通过 VPN 加密链路与内部、外部进行数据交换共享，最终将高速公路部联网中心的态势感知平台上联到交通运输行业部级态势感知平台，形成完整的高速公路领域网络安全态势感知体系。特别是全国高速公路联网收费系统网络安全态势感知平台将接收交通运输行业部级态势感知平台的网络安全情报数据，全面指导全国高速公路联网收费系统网络安全评估、分析预警、应急处置、信息服务等安全防护工作，同时还能将全国高速公路联网收费系统网络安全情报数据、等级保护工作数据、安全培训等情况迅速有效地上报交通运输行业部级态势感知平台，供网络安全主管部门及时掌握行业高速公路领域网络安全态势，并提供决策信息支撑。部署架构如图 5-3 所示。

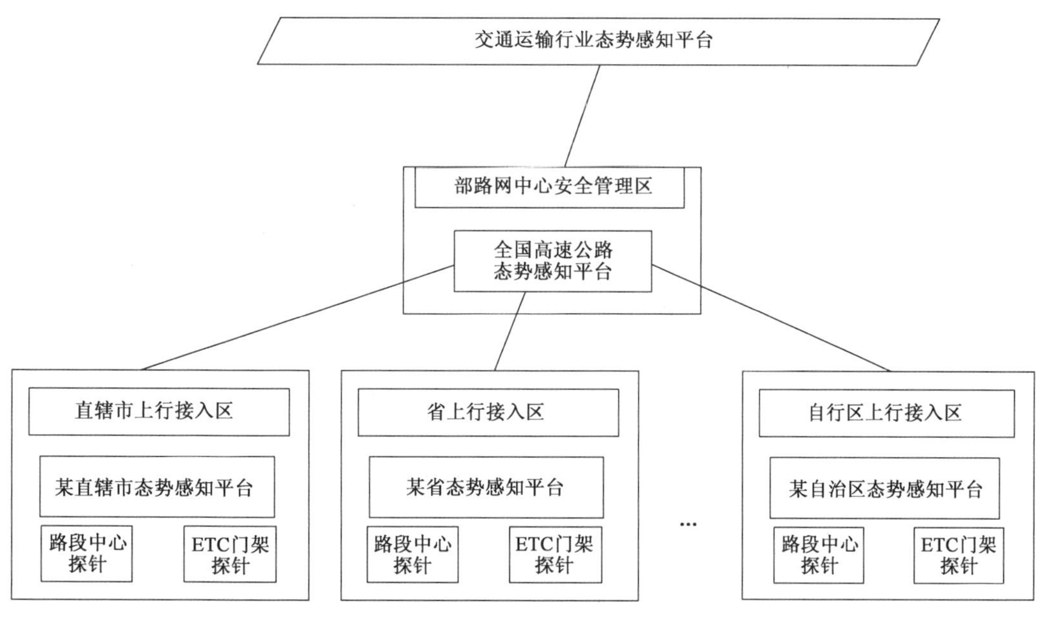

图 5-3　全国高速公路联网收费系统网络安全态势感知平台部署架构

5.4 功能实现

公路联网收费系统部、省两级的态势感知平台在支持上层的功能应用中，全部实践了网络安全态势感知实现技术的数据采集、数据处理、数据分析、态势预测和态势可视化里的主要技术，并且重点打造了数据分析基础平台，通过探针和安全子系统，采集到安全数据并进行有效存储和处理，从而实现对各类威胁数据的采集工作；数据分析基础平台对采集到的数据完成有效性验证、去重、过滤等流程，最终完成存储和索引；为上层不同场景下的应用提供数据处理结果，特别是定制化封装了多种算法形成数据处理的引擎，极大地提升了网络安全态势感知平台的运行效率和海量数据的处理能力。平台架构如图 5-4 所示。

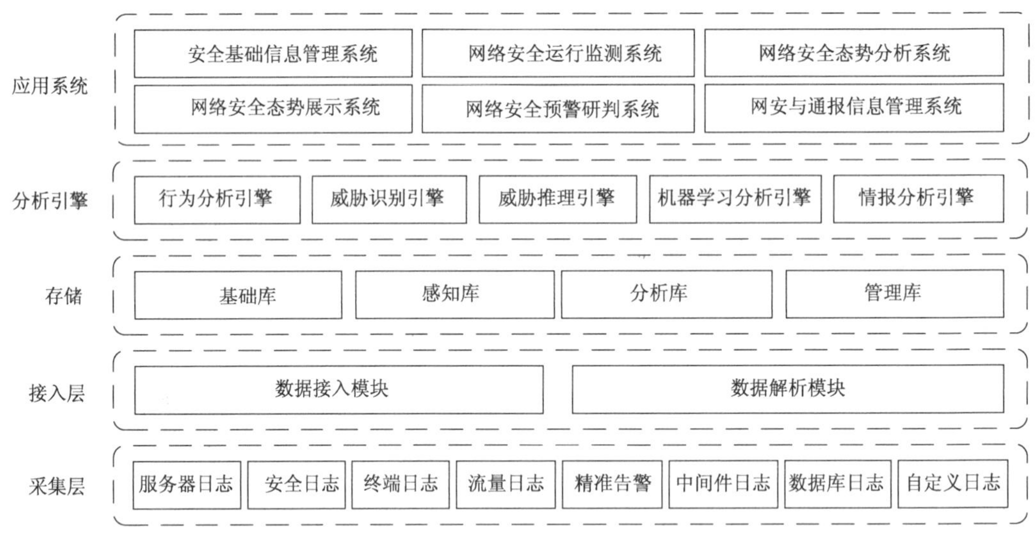

图 5-4 全国高速公路联网收费系统网络安全态势感知平台架构

5.4.1 应用系统

1）安全基础信息管理

安全基础信息管理子系统面向部路网中心、省路网中心用户提供网络安全基础信息管理功能，主要实现对全国高速公路联网收费系统中各级各类用户及组织机构所对应的安全基础信息的管理，主要功能包括：安全知识库管理、日志信息管理、资产信息管理、用户及权限管理等。

2）网络安全运行监测

网络安全运行监测子系统通过态势感知数据采集技术从高速公路全网、部节点、省节点三个维度实现对全国高速公路联网收费系统部级、省级网络安全运行数据的采集、汇聚、分类，主要包括全网网络安全运行监测、部节点网络安全运行监测、省节点网络安全运行监测等。

3）网络安全态势分析

网络安全态势分析子系统通过态势感知大数据处理技术对采集到网络安全运行数据进行数据挖掘分析，实现对网络安全态势的深度分析，进而为网络安全管理提供辅助决策，包括全网网络安全态势分析、部节点网络安全态势分析、省节点网络安全态势分析等。

4）网络安全预警研判

网络安全预警研判子系统通过态势感知预测技术对内外部的态势数据、评估数据、情报数据的综合分析，形成安全事件预警，并利用邮件、短信、移动互联网App等方式快速通知到相关单位，部级网络安全管理员还可以根据相关单位安全业务能力的强弱，进行针对性指导，提升行业领域重大安全事件的预警研判能力，包括网络安全预警分析、网络安全预警通报、网络安全事件处置等。

5）网络安全态势展示

态势感知展示子系统利用可视化呈现技术，为网络安全管理人员提供直观、形象、全面的网络安全态势展示，便于网络安全管理人员迅速、准确地掌握网络安全整体情况和相关事件信息及其影响，包括全网网络安全态势展示、部节点网络安全态势展示、省节点网络安全态势展示等。

6）网安与通报信息管理

网安与通报信息管理子系统主要实现对于全网的政务网络安全业务的统筹管理，便于部路网中心、省路网中心网络安全相关管理单位及时掌握网络安全政务相关工作进展情况，主要包括安全培训管理、信息通报管理、等保工作管理和并网接入管理等。

5.4.2　分析引擎

数据分析引擎实现接入的设备日志、网络流量源数据等相关安全日志的分析，通过行为分析、威胁识别、威胁推理、机器学习分析、情报分析实现威胁从感知、推理、分析、预测不同阶段的分析，为研判和处置提供数据支撑。

1）行为分析引擎

主要利用静态基线和动态基线对行为分析的结果数据进行分析，实现对流量、系统日志的检测，可与威胁识别引擎关联分析。静态基线就是基于已知经验、阈值、规则特征检测已知威胁，从消息队列中消费行为数据，进行异常行为检测后，将事件输出到归一后的事件队列；动态基线就是基于环境中的流量进行学习并建立基线，检测偏离基线的未知威胁。行为分析引擎通过这两种方法从历史数据库中获取数据，进行基线学习，基线学习完成之后，从消息队列中消费行为数据，进行基线对比，将检测到的异常行为输出到归一后的事件队列，将检测到异常行为事件相关的行为日志，存储到行为库中，供后续事件数据挖掘和分析取证时使用。

2）威胁识别引擎

主要实现对于威胁数据识别和分析，包括数据归一化、攻击识别。数据归一化实现对安全设备日志、行为分析引擎的结果数据，进行归一化处理，形成统一日志格式；攻击识别采用聚类算法分析、时序算法、直接条件过滤、关联分析等，对归一化日志进行分析判断，形成安全事件信息。直接条件过滤是将已知黑名单、情报数据等作为过滤条件对日志进行筛选，得到攻击行为；分组统计与阈值过滤是将接入日志的特定字段进行分组统计，结合实际业务现状，设置阈值，通过对阈值进行过滤筛选，得到攻击行为；基于事件输出的再次关联分析是将已识别出的事件作为另一个攻击判断的输入，参与新的攻击识别和判断，这种分析场景可以称为内部事件或者复合事件；设备日志关联分析是用于设备日志做关联分析，如WAF防护日志和IDS入侵检测日志的关联分析;基于机器学习算法的检测是在有些异常行为场景下利用机器学习算法做攻击检测。

3)威胁推理引擎

主要具备攻击链推理、失陷推理、攻击链挖掘、僵尸网络推理的能力。攻击链推理,是对一个攻击者的攻击过程,通常会使用不同的攻击方法,经历多个攻击阶段,在不同的阶段达到不同的目标,最终实现其攻击目的,通过攻击链模型描述这一攻击过程,按照威胁事件的特征把事件分配到攻击链各个环节,从IP关联、时间关联、大类关联、阶段关联等多种关联手段,分析攻击者意图,建立起事件与事件之间的关联关系,还原攻击过程;失陷推理针对被攻击目标主机所发生事件的攻击结果是否成功结合事件所处的攻击链环节,判断该主机是否失陷,对判断认为可能实现的主机以疑似失陷状态标识;攻击链挖掘是在攻击链推理出的攻击链上进行进一步挖掘的处理技术;僵尸网络推理能够完成僵尸网络的判定以及活跃度的统计,并提供快速信息查询检索能力。

4)机器学习分析引擎

主要是采用机器学习分析引擎封装了数据训练、异常数据检测、异常标定、基线优化等态势感知数据分析技术的算法。数据训练是对流量行为数据或者日志行为数据进行训练形成检测基线,算法包括聚类模型算法、神经网络算法、深度学习算法等;异常检测是基于检测基线,对不同检测场景下的流量行为或者主机行为进行异常判定,从而识别出异常行为;异常标定是根据对识别出来异常行为进行人工标定;基线优化是对异常标定结果,重新进行数据训练,逐步优化检测基线,降低误报率。

5)情报分析引擎

主要实现对于多源情报的数据标准化、质量评估、情报融合、关联分析、安全预警。外部情报利用主要是实现情报标准化、情报质量评估、情报融合、情报冲突、情报事件关联及热点情报预警技术。情报标准化是在评估过程中系统首先会对每条情报进行标准化处理,处理成机器可以理解的统一格式,情报质量评估是对标准格式的情报进行质量分析和评估,获得情报本身的准确性评分,然后对情报进行全面性评估,对情报的各个字段进行评估,在评估的过程中需要对历史情报进行回溯然后进行融合;情报融合是情报相容时根据全面性确定基准情报,将其他情报字段并入基准情报;情报冲突是多个情报对同一事件出现结论冲突时,系统根据基于证据排序融合的局部冲突算法,结合用户自定义的情报准确度来完成对情报的融合评估,最终获取评估后证据准确性高的情报,舍弃评估后准确性低的情报,并对最终融合后的情报生成一个整体的准确性分数;情报事件关联是实现与交通运输行业部级态势感知平台接口传输的情报与本地事件的关联分析,提高安全事件告警准确度,实现潜在威胁报警;热点情报预警能够实时展示热点安全事件,并对热点事件的关联信息IP、URL等进行分析,并对热点威胁进行预警,及时筛查系统中存在的安全问题。

5.5 应用效果

公路联网收费系统部级态势感知平台重点建设了网络安全基础信息管理、运行监测、态势分析、预警研判、态势展示、网络安全与信息通报管理等能力。高速公路联网中心部级态势感知系统对上与交通运输行业部级态势感知平台的对接,实现事件上报、信息共享、通报下发等；对下通过标准接口对接全国各省的公路联网收费系统省级态势感知平台，实现全网网络安全数据的采集、数据分析、网络安全态势预测、安全事件应急响应知识的互联互通。

通过公路联网收费系统部、省两级的态势感知平台的建设实践，极大解决了交通运输行业高速公路领域网络安全管理的各级用户网络安全监控能力和分析能力不足的难题，尤其针对交通强国公共服务日益加强的网络新常态，加强暴露资产监控、入侵行为追踪、高级威胁监控、失陷主机发现、漏洞闭环管理、攻击链还原、威胁情报管理等多种高速公路部、省两级网络安全业务和场景的监控与安全态势感知能力。利用态势感知平台对网络安全攻击日志分析和网络数据数据采集，通过数据分析、态势预测等技术手段，发现攻击行为和流量异常等安全威胁；通过打通部、省两级路网中心各网络安全子系统间产生的安全数据，转化为安全情报基线；结合交通运输行业部级态势感知平台威胁情报能力，实现单一的安全信息能力转化为自适应安全信息的能力，弥补网络安全数据集成中的数据流信息缺陷，提高网络攻击的预判能力，完善网络的安全性功能和收费系统的网络安全技术水平。

第6章　民航领域态势感知平台建设实践

6.1　建设背景

民航作为我国与国际接轨最早的行业之一，经过“十五”“十一五”“十二五”的建设，其信息化取得了长足进展，网络基础设施建设初具规模，民航电子政务初见成效，民航企业信息化服务体系逐步建立，核心业务系统蓬勃发展，民航电子商务呈现无限生机。相对于普通的信息网络，民航系统信息网络有其特殊性，主要表现在其对可靠性的高要求。随着民航信息化的不断加深和航空企业对信息网络依赖的不断加强，网络安全风险越来越大，网络安全问题日益受到重视。民航信息技术安全工作已经成为一个国家信息数据安全生产工作的重要组成部分。在民航领域，一旦信息系统被攻击、无线电通信系统受到干扰、重要专机信息被泄露或出现各种系统故障等，都会使飞行安全受到严重威胁，轻者会造成航班正常运作中断，重者会危及飞机安全甚至是国家安全。民航行业面临的网络安全风险研究主要内容包括以下几个方面。

6.1.1　系统异构且依存度高

网络安全风险传播不可控。在行业层面，服务单位、航空公司、机场等部门之间存在复杂的信息共享。在各航空企业中，电子客票系统将中国民航、航空公司和代理商紧密联系在一起。民航总局、机场、驻地单位通过离港系统建立信息共享机制，通过导航系统实现空中交通管理，机场、航空公司一体化。一旦系统产生网络安全问题，其他相关系统也会受到影响。

6.1.2　网络安全整体态势管控能力缺失

技术方面，民航领域多在网络关键节点上部署了防火墙、入侵检测、防病毒等信息安全系统，但各安全系统分散部署、独立运行，信息安全防护未形成合力，对整体信息安全状况无法及时掌握，对网络安全态势也无法准确判断。管理方面，由于网络安全管理工作缺乏抓手，网络安全保障工作往往依靠安全运维人员的技能水平、责任意识开展，网络安全管理人员缺少必要的监督检查手段发现安全事件和安全问题。

6.1.3　工作开展的必要性

开展网络安全是国内外网络安全形势的需要。国家高度重视网络安全的发展态势，网络安全已经上升至国家安全的高度。国际民航组织、国际航空运输协会等组织也成立了专门的网络安全小组并定期交换情报，讨论重大安全议题。

开展网络安全是民航业发展的重要保证。我国正在成为世界航空产业强国，民航信息化、智能化、无纸化、自主化、无人值守化等信息化建设正在逐步加快。行业或企业必须具备网络安全意识，网络安全态势感知是其中一个重要的环节，可以对民航业网络安全起到重要的网络安全前置性重要作用。

开展网络安全是民航管理部门的业务需要。民航业将提高网络的安全性与飞行安全放在了同等重要的地位,该行业所需要的各种负责全球信息安全的网络来支持其快地区的数据通信需要,因此由于客观业务的需要,需要国内网络安全管理部门和民航企业级管理部门针对全球网络安全构建有效且快捷的沟通管理渠道,以确保航空业安全平稳运行。

开展网络安全是法律规定的需要。《中华人民共和国网络安全法》和欧盟颁布的《通用数据保护规定》,明确要求或需要民航业建立网络安全态势感知系统。

6.1.4　工作开展的可行性

民航行业针对网络安全态势感知系统技术要求标准的基本形成,具备建设条件。行业领域内网络安全态势感知平台建设指导规范已经初步形成,成为不同民航企业建设态势感知平台的参考依据。民航各企事业单位由于业务体量不同,信息基础设施规模也不同,在进行网络安全监测系统建设中的要求也不相同,因此需要通过试点项目进行平台建设的经验探索。

国家经济发展和改革委员会于 2016 年 5 月批复中国民用航空局开展高新企业技术人员信息数据安全专项工作,启动了“民航重要基础信息服务系统网络环境安全保障示范工程”项目建设。项目由中国民用航空局组织,中国民航信息网络股份有限责任公司牵头,中国民用航空局、空中交通管理局、北京首都国际机场股份有限公司、中国成都国际航空股份有限公司、中国民航大学等多家民航单位共同努力建设。项目开发建设工作内容包括建设“民航重要安全信息处理系统”,使用网络安全监测预警及应急处置平台,以提高要害业务相关信息控制,提高网络安全防护与监测预警能力,探索建立民航重大业务活动信息系统一体化联动安全防护体系。

6.2　建设概况

2016—2019 年间,民航局、民航企业的 2 级安全监测预警及应急处置平台的建设已经完成,监测范围涵盖了空管、航空公司、机场和中航信四类单位,通过网络安全实时监控信息系统,展示了整体网络安全趋势和状态,对国家有关部门开放接口,与国家有关部门实现民航重大信息安全事件的预警防范和应急响应联动机制,形成了民航行业管理内部和国家有关部门一体化监管的格局。民航态势感知平台的领域如下。

6.2.1　依托松耦合高弹性的架构

实现民航企业业务信息系统的无缝整合。系统网络架构设计采用松耦合、高弹性、易扩展的平台架构方案,包括采用不同功能模块的微服务化、接口以及模块插件化、支撑一个系统统一化等技术,保障发展平台简单、快捷的实现扩展与升级更新,从而能够实现对防御措施的不断优化,以应对出现的各类威胁/安全风险事件,实现持续响应、高效处置、闭环控制管理,进而满足民航业务安全管理可持续发展的需求。实现国家关键信息基础设施中相关数据的集中采集、存储、检索及统一对外接口,采用多样的、可适配数据源的方式对各类网络安全设备、系统根据数据模型进行采集、清洗、标准化、存储,提供离线、实时、全文检索等多种数据订阅及分析方式。

6.2.2 基于深度分析与向量机安全知识

可以通过研判和预测网络安全的威胁,提供网站监控、重要信息系统监控、安全感知、智能分析等功能,为客户提供统一的网络安全态势分析服务,并提供网络安全态势感知能力。该系统可以在基于安全智能和大数据分析基础上,通过自动分析、人机分析,对网络威胁进行预判并及时指出遭受攻击的漏洞的情况,分析该漏洞可能会造成的潜在影响,分析并判断风险可能造成的安全损失。同时,通过对网络安全多源信息融合分析,有效了解攻击方进一步可能存在的动作,综合所面临的各种威胁,利用深度分析与向量机技术手段,分析攻击者的攻击信息和路径,通过预先设计定制的响应程序,帮助分析师预测可能发生的下一步攻击行为。

6.2.3 自动作业与人工分析结合

实现威胁情报的高效趋势分析,并结合人工分析处理网络具体攻击行为。通过采集网络数据流,将系统自动分拣与人工分析方法结合,能够快速、高效地转化利用网络安全管理情报,将机器分析情报和高阶情报中的关键核心要素提取、整理、关联、形成信标集,并将威胁情报以报告形式向网络安全工程师反馈,实现机器自动作业与人工处理相结合。

6.2.4 快速响应与定制方案结合

该系统提供了在应急预案的不同阶段可以定制威胁的队列。当威胁发生时,系统提供快速响应处理手段和在事态发生之前所预制的应急处置预案,处置的过程是将事前和事后等环节期间发生的情况结合分析,实现有效监控应急响应和决策支持,并能够通过有效和有针对性的防御系统,帮助用户免受威胁。

民航局、民航企业的2级安全发展态势感知与应急处置平台监测工作形成民航重大信息安全风险事件预警防范与应急处置联动机制,对监测区域重大影响安全事件预警率达80%以上,应急响应及处置时间极大地缩短,项目工程建设提供的思路在今后可向交通运输行业和其他领域方面进行示范推广。民航领域态势感知平台建设架构如图6-1所示。

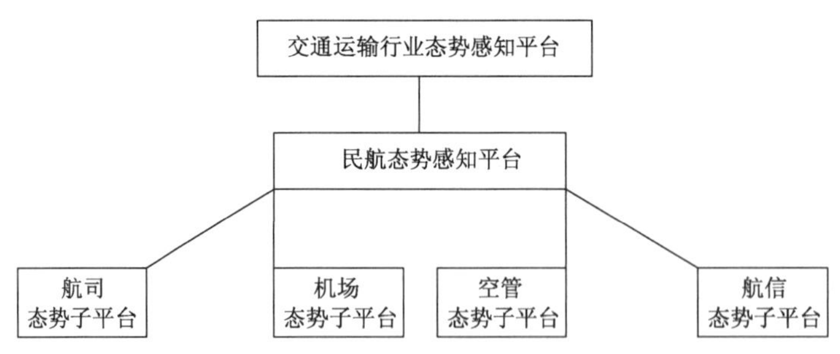

图6-1 民航领域态势感知平台建设架构

6.3 技术架构

民航领域态势感知平台在技术架构分为访问、门户、应用、支撑、数据、接口、基础设施等关键层次,其架构图如图6-2所示。

图6-2 民航领域态势感知平台技术架构

6.3.1 民航领域态势感知平台技术架构说明

1)访问和门户层

访问和门户层提供用户的前端交互界面,包括浏览器、移动App和大屏展示等不同模式。

2)应用层

应用层的主要功能模块包括:重要信息系统监测、态势感知、监测预警与应急处置、网站安全监测等不同的子系统,是平台建设的核心内容。

3)支撑层

支撑层提供统一的基础能力支撑上层应用系统正常运行,包括消息处理机制、数据同步与数据仓库技术能力、工作流引擎能力、通知能力、建模分析综合研判能力等。

4)数据层

数据层提供分层分类的数据存储能力,包括结构化数据库集群、非结构化数据的分布式存储以及数据仓库等,并支持分布式的全局全文检索。

5)数据源层

数据源层采集主机、网络、存储设备、应用系统等的数据,提供面向二级子平台的数据采集能力、面向监控网站的数据采集能力和对外数据交换能力;同时提供支撑平台运行的主机系统、网络系统、安全设备等软硬件设施。

6.3.2 民航领域态势感知二级平台子平台技术架构说明

二级平台子平台技术架构对不同示范单位的二级平台建设各有差异，以下以航信平台为例进行介绍。航信平台采用分布式采集、存储和计算架构，可分为采集层、数据存储处理层、分析计算层、应用层、展示层和系统集成，其总体技术架构如图6-3所示。

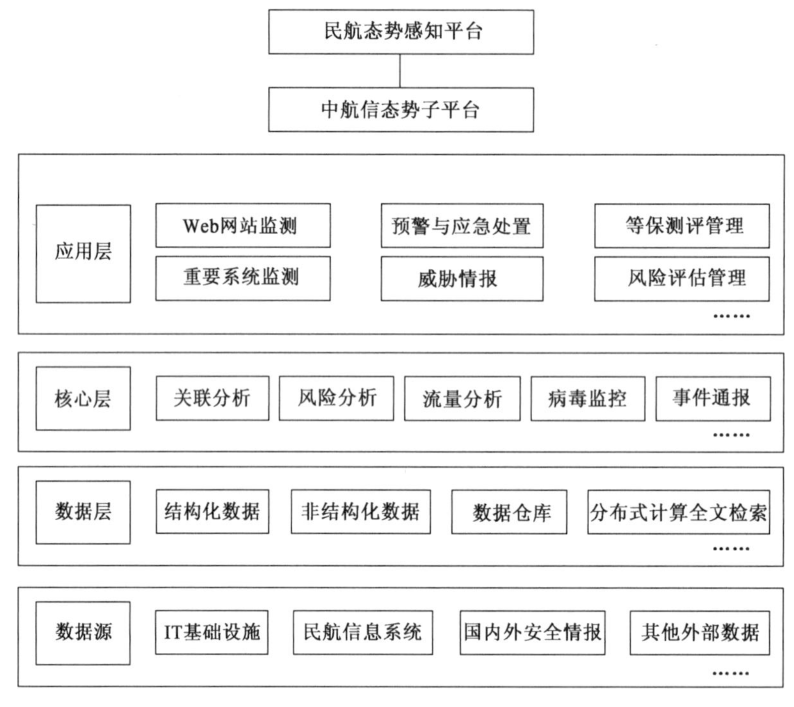

图6-3 民航领域态势感知二级平台子平台技术架构

1）采集层

通过流量采集和多种形式的定制化采集代理插件，从不同的数据源进行数据采集。

2）存储处理层

进行数据清洗和标准化并按照不同的数据装载策略存储到Elasticsearch实时搜索引擎（ES）、Hadoop分布式文件系统（HDFS）等存储。

3）分析计算层

支持数据智能检索，提供实时和离线分析能力，支持智能分析。

4）应用层

基于计算分析结果，提供不同类型的态势感知应用能力，支撑安全运营工作开展。

5）展示层

实现各模块、多业务功能集成、统一访问、统一视图控制、统一展现。

6）系统集成层

提供统一的系统管理、安全运维和数据管理，并与航信内部运维身份统一管理平台、配置管理数据库平台、可信服务管理平台、故障管理平台、统一监控平台等平台及民航态势感知平台（一级平台）进行对接。

6.4　功能实现

民航态势感知平台服务于两类用户：管理中心用户和行业单位用户。共建设 11 个应用系统，如图 6-4 所示。

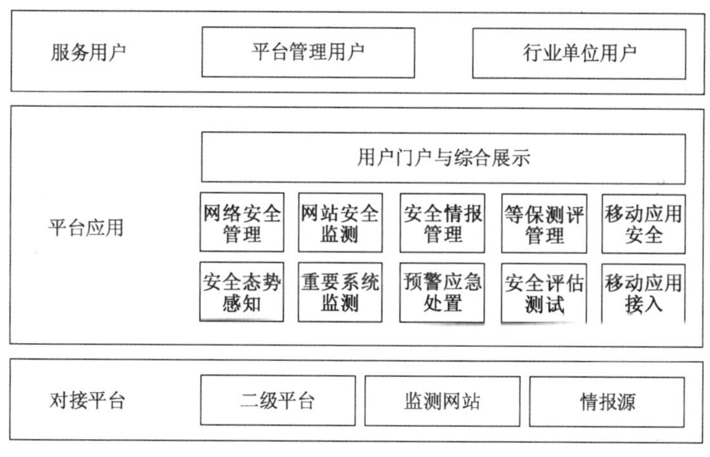

图 6-4　民航领域态势感知平台功能实现

6.4.1　民航领域态势感知平台功能介绍

1）平台门户

主要面向民航行业用户，作为平台登录的入口，是相关业务的集中使用门户，同时提供大屏展示、通知消息、个人中心等功能。

2）安全管理模块

支撑日常网络安全管理工作，实现网络安全管理工作的网络化、信息化，并实现与其他子平台、系统间的数据整合与集成，提供包括系统名录、基础信息管理、重大活动保障、安全检查、通报预警、人才培养等业务的管理功能。

3）态势感知模块

可以结合情报、知识，对各类安全大数据开展人机结合的综合研判，关注风险事项发现、影响分析、潜在影响分析，并且支持对安全大数据进行数据挖掘，发现未知风险事项，持续提升平台的风险发现和研判能力。同时，能够生成多维度、多层级的全局安全态势，支撑可视化呈现。

4）网站安全监控模块

对行业内的网站进行安全监测，发现风险及风险事项，提供分析、处置及结果验证等功能。

5）重要信息系统监控模块

对二级平台的重要信息系统进行安全监测，通过采集二级平台各监测设备日志、资产信息、流量信息等发现风险及风险事项，提供预警。

6）威胁情报模块

负责情报数据的采集、加工、分析和利用。能够对多源情报自动采集、自动预处理，采用人机结合方式对情报进行分析,发现风险事项。同时能够建立情报共享接口,实现情报共享。

7)应急处置模块

对平台中发现的应急事项进行集中分析和处置,下发应急监测任务。同时能够为应急事项提供应急工具、应急方案、应急预案等支撑。

8)等保测评模块

支持等级保护测评工作的电子化管理,实现行业等级保护定级、测评工作的网络化、数据化。

9)安全评估测试模块

支持虚拟化网络环境的构建,支持威胁和风险的测试与验证,提升网络威胁对抗的能力。

10)应用安全

评估能力能覆盖 Android、iOS 和 Web 三大平台的安全检测。

11)平台提供移动

App 应用支撑,可在移动端登录并通过移动端接收、反馈平台分发的预警和其他信息。

6.4.2 民航领域态势感知平台二级子平台功能介绍

二级平台子平台功能对不同单位的需求和建设内容均有差异,本书以民航领域某信息公司一个平台为例,其主体功能总览如图 6-5 所示。

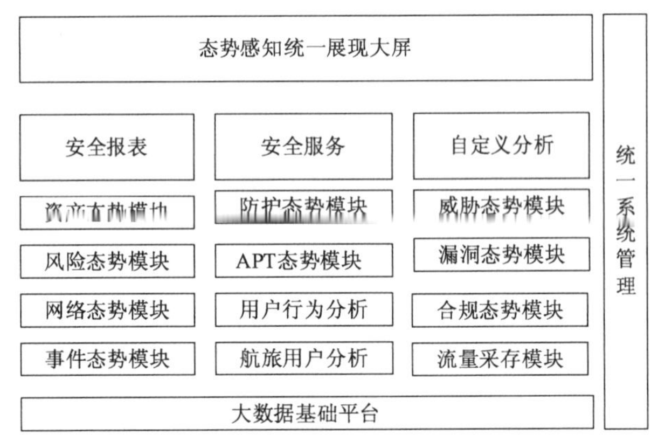

图 6-5 民航领域态势感知平台二级子平台功能实现

1)大数据基础平台

实现数据管理、分析、查询、存储和采集能力,完成安全大数据基础平台建设。

2)统一系统管理

包括四个子模块。系统管理模块实现平台租户信息、租户的业务功能权限和数据范围权限的管理,能够对菜单、视图布局、仪表盘等可视化功能进行管理。运维管理模块实现整个平台的系统自监控管理、系统自动部署与升级、系统操作审计与报表展示、采集探针管理。数据管理模块对数据管理过程进行支撑,包含元数据管理、数据标准管理、数据质量监控、数据安全监控平台。接口集成模块实现了包括南北向与行业主平台对接、东西向与航信内部的运维身份统一管理平台、可信服务管理平台(CMDB)、故障管理平台(TSM)、故障管理平台、统一监控平台对接。

3)资产态势感知模块

实现资产信息的动态采集,发现未知资产和资产状态变化对资产安全状态的自动化跟踪,形成资产的动态画像,提供资产风险的可视化展现。

4)防护态势感知模块

可以对纵深防线上的各类安全防护设备是否正常工作、防护策略是否有效等情况进行综合感知和展现。

5)威胁态势感知模块

提供外部安全情报数据,利用情报数据检测发现安全攻击。

6)风险态势感知模块

对系统基础数据及其他模块分析结果进行基于风险的量化计算,并基于历史数据进行趋势预测。

7)APT 分析模块

支持对威胁源和威胁事件的定位、线索挖掘、关联分析和分析取证。

8)漏洞态势感知模块

通过整合内部所有漏洞扫描设备数据以及外部漏洞情报数据,提供统一漏洞数据库、内部漏洞管理、外部漏洞通告等功能,实现对漏洞的全生命周期闭环管理。

9)网络态势模块

提供网络全流量采集、网络全协议识别和还原、网络行为知识库等功能,通过对网络流量日志的全面记录,实现对用户网络访问行为的监测、分析与研判。

10)用户行为分析(UEBA)模块

可关联多种日志源,利用机器学习算法,采用无监督和有监督的模式对所有未知的网络异常行为进行多维度的场景建模,分析和发现未知威胁。

11)合规态势感知模块

根据外部监管与内部管控要求,建立外部合规和内部合规标准及检查能力,并能灵活迅速地适应新的合规要求。

12)事件态势感知模块

实现数据提取、分析引擎和事件态势分析功能,对日志数据和情境数据提取后,输入引擎进行分析,最终形成对事件的态势分析结果。

13)航旅用户行为分析模块

基于网络流量采集和用户行为分析,实现识别恶意爬虫、虚假注册、虚假占座等用户行为。

14)流量采存(PCAP)模块

实现总部及各分支机构相关流量存储与调度能力。

15)安全报表模块

实现从子平台获取各类数据并计算产生报表,且支持展示和导出。

16)安全服务发布模块

整合各类防护、监控、检测等安全能力,以 SECasaS 的安全能力交付模式进行安全服务发布。

17)自定义分析模块

对算法、建模过程、数据特征定义和调整进行直观的可视化操作,降低日常运维、分析、维护的难度,提升模块利用和分析效率。

18)统一展示模块

基于统一的格式,实现大屏展示视图、安全防护视图、风险态势视图、事件分析视图、运维监控视图、自定义视图等多种视图的统一控制和展现。

6.5 应用效果

通过民航安全态势感知平台建设部署,并同空管、航信、航司、机场等行业单位进行数据对接,实现了监管部门对民航重要业务系统的实时监控和有效监管。网站监测功能目前监测范围已经达到 1600 多个民航网站,在“中华人民共和国成立 70 周”“第二届世界军人运动会”“第二届中国国际进口博览会”等多次重大活动保障期间,开展 7 ×24h 监测服务,累计发现高危漏洞 5000 余个,用户安全管理员根据安全态势感知主平台撰写漏洞通报报告 100 余份,督促相关单位完成漏洞整改,避免进一步的损失,为民航行业重大活动保障工作提供有力技术支撑。

通过行业二级平台的建设,实现了对安全运营工作全生命周期的有效支撑。以航信平台为例,目前已部署超过 100 个采集节点,通过对采集组件和数据标准化组件的定制,实现了超过 360 种日志格式的接入和解析,实现了重要业务系统覆盖率 100% 。通过综合使用流量深度包检测技术和大数据技术,实现了网络行为分析、用户行为分析、高级威胁分析等不同业务诉求的数据分析,发现网络攻击、恶意爬虫、恶意虚假占座等攻击事件,实现了多源情报聚合和情报智能检索,可联动情报告警,进行关联支持高效的溯源分析和预警,在有关关键信息基础设施攻防演练演练中,出现大量利用 0day 漏洞的特殊情况,平台对各类攻击事件有效预警率超过 90% 。平台从综合态势、合规态势、防护态势、事件态势、数据态势、业务态势几个方面,整合各个模块数据,综合呈现安全感知能力。通过平台接口集成实现与中国航信内部运维支持系统以及民航信息系统安全监控与预警处置主平台的对接快速响应。平台提炼核心安全能力,对外输出安全服务价值,由支撑面向内部的安全管理,转变为面向分支机构和外部租户的安全服务运营。目前已经梳理出六类高价值的业务场景和十余类安全服务,重点满足这些场景用户的使用需求,并将在后期进一步丰富服务类别和服务规格。

第 7 章　铁路领域态势感知平台建设实践

7.1　建设背景

党的十八大以来,在习近平总书记网络强国战略思想的指导下,网络安全技术实现了跨越式发展,管理体系不断完善,科技创新能力不断增强,形成了较为完整的产业链和产品体系。2017 年 6 月 1 日实施的《中华人民共和国网络安全法》将网络信息安全提升到网络空间主权和国家安全的高度。《中华人民共和国网络安全法》中关键信息基础设施的定义范围涵盖了交通领域,这是由于交通领域的关键信息基础设施一旦遭到破坏或数据泄露,可能严重危害国家安全,严重影响国计民生,严重损害公共利益。

已出台的《关键信息基础设施安全保护条例》等一系列法律法规都重点突出了关键基础设施在网络安全保护中的重要地位和意义,而铁路系统作为国家关键基础设施,更需要在满足上述要求的前提下,结合铁路信息系统安全整体规划,建设铁路系统网络安全体系。

7.1.1　铁路行业网络安全主要效果

铁路行业网络安全经过多年建设,初见成效。主要体现在以下几个方面:

1)网络安全治理框架基本形成

成立网信领导小组,设立网络安全管理机构,网络安全纳入考核。建立全路网络安全管理体系,实现网络安全管理标准化、规范化。铁路总公司的信息化实施部门中国铁路总公司信息技术中心建立了专门的安全管理部门,很多铁路局也成立了专门负责网络安全建设的网络安全科。

2)网络安全业务能力不断增强

网络安全业务能力可以从两个方面来体现。第一个方面是:铁路总公司加强网络安全业务培训,形成了总公司、铁路局的两级安全培训通告机制,针对日常网络安全知识的培训采用电视会议、现场会议的形式进行,而对于紧急重大安全事件应急处理,则采用实时通报和紧急电视电话会议的形式进行;第二个方面是:建立铁路网络安全专业测评机构,铁路目前已经在铁道科学研究院建设完成等级保护测评中心,具有覆盖全国的测评能力。

3)网络安全防护能力不断提升

从 2002 年开始,原铁道部在全国铁路线网中部署病毒防护、访问控制和安全隔离等网络安全措施,构建起基本的网络安全防护能力。目前全路已经实现了分区分域,形成了由外至内外部服务网、内部服务网及安全生产网三层架构,形成了网络安全纵深防御体系。针对重要的生产业务系统,也建设了专用生产网,实现了调度和客票系统覆盖全路的安全生产专网。在终端安全防护方面,统一部署了网络防病毒系统,一定范围内尝试过桌面安全管理、移动介质管理、网络准入等计算机终端安全防护子系统,初步具备了以统一保护技术、强制安全策略为核心的终端安全防护经验。

4)网络安全等级保护积极推进

铁路总公司目前已经建成铁路信息系统安全等级保护机制。现有四级系统3个、三级系统21个、二级系统24个。通过建立网络安全管理机制,铁路系统加强了网络安全管理的制度基础,优化了网络安全防护措施,提高了网络安全保障能力。

7.1.2 铁路行业网络安全主要问题

随着铁路信息化建设的推进和各种新技术的出现,新的安全风险在不断涌现。当前,铁路网络面临的安全问题主要包括如下五个方面:

1)网络安全建设缺乏统一规划

目前,由于整个铁路的网络安全规划和实施时间跨度长,建设过程中并没有形成有效的统一机制,安全设备种类繁杂,有些和应用系统结合得较为紧密,而大多数则与应用系统没有直接关系,形成松耦合的防护体系,防护效果并不理想。

2)网络安全基础设施建设相对滞后

整个铁路系统目前网络安全基础建设较落后,主要从两个方面体现。一是在安全运维方面,缺乏必要的基础设施支撑,没有专门针对安全的运维体系,很多涉及安全的运维被分散到不同的部门实现,效率较为低下;二是在安全决策方面,企业级网络安全数据平台尚未建设,难以通过有效的安全决策依据有针对性的网络安全的态势进行分析和判断,也无法针对防护态势进行判断,也不可能针对性进行安全策略的制定和决策。

3)主动感知主动防御能力薄弱

整个铁路系统运行状态监控手段薄弱,缺乏有效的网络感知能力,目前,覆盖全路的监控系统,仅限于网络流量和日志系统。目前,铁路系统未形成全局性网络安全态势感知能力和安全事件处理能力,铁路信息系统并没有覆盖全路的安全态势系统,缺乏有效的全景可视化能力。

4)部分网络安全防护技术落后

现有计算机网络关键设备和网络安全设备由于建设时间较早,目前部分设备已经老化,网络安全设备防护能力薄弱,网络安全总体技术水平落后。特别是针对移动云计算、互联网、大数据、等新技术应用,缺乏具有针对性的安全防护措施。

5)专用信息网防护技术单一

当前的列车调度指挥专网、铁路列车调度指挥系统、集中调度控制系统的信息安全防护,主要以防火墙、身份认证和防病毒软件等传统安全产品为主,防御思路主要是针对外围非法用户和越权访问进行封堵,以达到防止外部攻击的目的。因此,按照目前的防御思路,应从信息系统终端进行主动嗅探控制,从源头控制终端设备的安全性,是更为重要和可行的关键信息系统防御措施。即针对专网的防护性,更多地预防和控制各类终端设备的安全性,提高对整体终端信息安全的防护性能和安全准入机制,是专网防护的关键。

7.2 建设概况

随着中国铁路企业信息化技术应用面向互联网的开放,来自境内外敌对势力的渗透、攻击以及发展日益猖獗的网络违法犯罪活动,给铁路行业带来了日趋严峻的网络环境安全风险挑战。面对如此复杂严峻的网络数据安全形势,加强铁路网络安全生产管理、强化铁路网络安全保障、实施铁路业务网络安全一体化保障工程,具有十分重要的意义。

在这种背景下,由总公司组织信息中心、工电部和铁科院共同编制了铁路业务网络安全一体化保障工程的建设方案,并通过了专家评审。2018 年,国家发展和改革委员会批复统一铁路业务网络安全一体化保障工程项目建设,其中包括态势感知与集中管理平台建设。

铁路业务网络安全一体化保障工程是在铁路前期网络安全建设的基础上,通过总公司、铁路局集团公司、站段三级部署,对铁路综合信息网、铁路客票专网、列车调度指挥专网、旅服网、资金结算专网的完善补强。该项目主要针对铁路领域的网络安全风险和威胁,以保障客货运输等核心业务的安全为宗旨,着力提高计算环境安全、网络边界安全、应用安全的综合管控能力,逐步形成一个统一集成的铁路信息安全综合防御体系,其总体架构如图 7-1 所示。

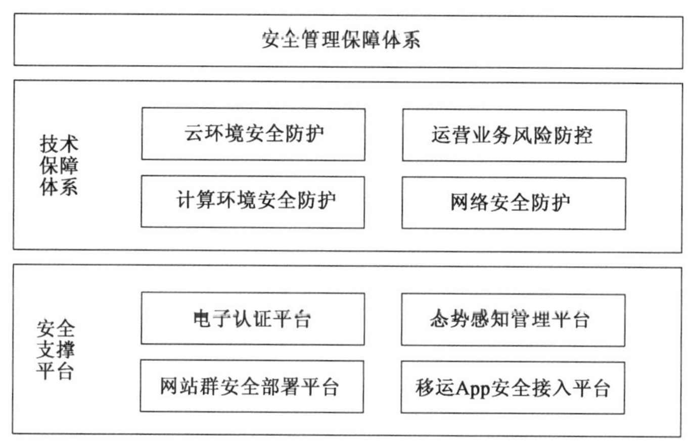

图 7-1　铁路信息安全综合防御体系总体架构

铁路信息安全综合防御体系主要以安全支撑平台为基础,构建安全技术保障体系和安全管理保障体系。其中,安全支撑平台包括“双证书、双中心”机制,电子认证平台、实行统一管理、统一防护、统一监测的网站群安全部署平台、构建在大数据支撑平台之上的态势感知管理平台以及依托铁路统一用户认证管理系统和铁路电子认证服务平台建设的移动 App 安全接入平台。技术保障体系包括通过漏洞管理、应用管控等手段建立自适应安全防护体系的云环境安全防护、基于大数据分析的运营业务风险防控、囊括接入控制、病毒防护、补丁管理、安全审计、用户行为管控的计算环境安全防护以及系统化、标准化、规范性的网络安全防护。最终由防护为核心转向检测为核心,建立发现、预防、响应识别的判断机制,提升主动安全防御能力,加强网络安全态势感知预判性、应急处置能力和监测预警的建设。

7.3　技术架构

示范工程进行了中长期技术规划,依托统一的技术架构进行工程建设,保障工程的整体目标得以实现,技术架构如图 7-2 所示。

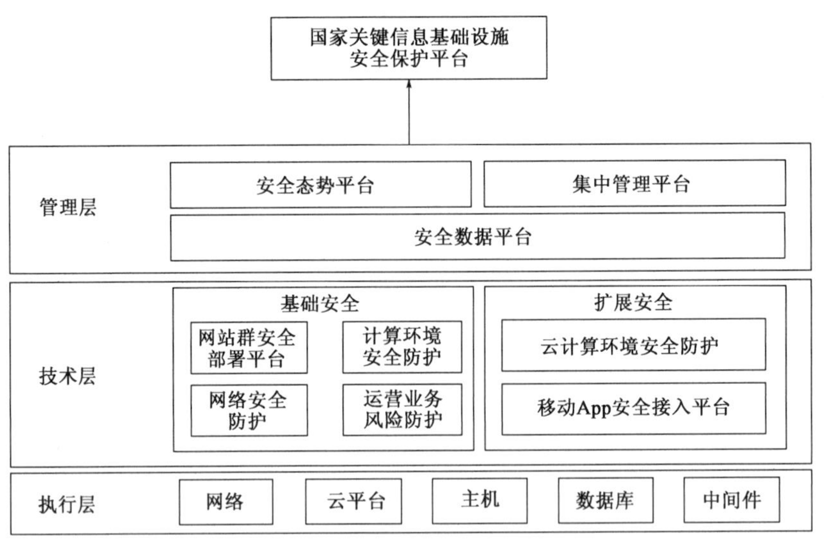

图 7-2　铁路信息安全综合防御体系技术架构

通过构建技术层中的基础安全部分和扩展安全部分，对执行层中的网络、云平台、主机、数据库、中间件等提供保护。其中，基础安全部分主要包括网站群安全部署平台、计算环境安全防护、网络安全防护、运营业务风险防护；扩展安全包括云计算环境安全防护和移动App 安全接入。在其上通过管理层中的安全数据平台，从安全管理角度获取管理数据，以此为依据，通过安全态势平台对整体安全态势进行展现、预测和分析，动态掌控防护状态；通过集中管理平台对保护对象集中管理。同时，工程将预留标准接口，与国家关键基础设施安全保护平台进行对接。

7.4　功能实现

安全态势感知集中管理系统的功能实现，主要是依靠以下核心模块完成：安全数据子系统、网络安全防护子系统、计算环境安全防护子系统、资产配置子系统和综合运维管理子系统等，如图 7-3 所示。

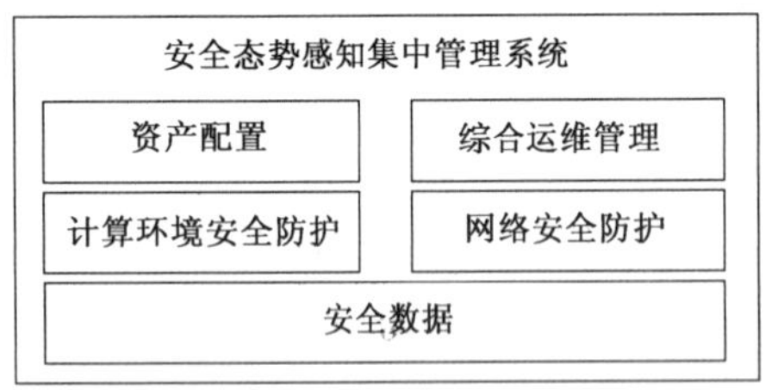

图 7-3　安全态势感知集中管理系统实现模块

7.4.1　安全数据子系统

安全数据子系统提供网络安全数据的处理、清洗、存储、采集的能力，包括数据采集、数据清洗、数据存储、数据处理、作业流配置、数据可视化。

数据采集：能够从关系型数据库、NoSQL 数据库、文件、网络设备等采集数据，同时也可以定制采集规则。

数据清洗：能够发现和纠正采集的数据，包括检查数据一致性、处理无效值和缺失值等，可根据数据类型定制清洗规则。

数据存储：可以进行结构化、半结构化和非结构化数据的存储、检索、SQL 查询，同时实现文本数据的全文检索功能。

数据处理：支持 Spark Streaming、Storm 等实时数据处理方式，也可以运用 Map Reduce 的方式进行处理。支持通过可视化配置对数据进行挖掘分析。

作业流配置：能够通过可视化手段配置作业流，如依赖作业、下游触发作业等。可以在数据作业流中查看作业执行过程中各环节的日志。能够按时间、周期、事件等进行触发数据作业流，任务节点支持多次错误重试。

数据可视化：能够根据业务需要选择灵活多样的数据展示方式，提供报表浏览、数据导出、打印等功能，并能通过 PDF、Excel 等文件格式进行文件导出。

7.4.2　网络安全防护子系统

网络安全防护子系统包括安全监测、态势感知、通报预警、快速处置、等级保护、监督管理、情报信息、追踪溯源、调度指挥，系统管理十大功能模块。

(1) 安全监测：具备安全数据采集的能力，包括漏洞扫描数据、网络设备日志、安全设备日志、网络流量分析数据等，并将数据存储到安全数据平台。

(2) 态势感知：对获取到的安全数据，通过大数据分析、数据挖掘和关联处理等技术手段进行处理，最终得到铁路网络安全态势数据。采用产品最新架构和分析技术，开放二次开发接口和文档，展示铁路总公司及全路网络安全态势。

①规则分析：通过用户自定义规则提炼安全日志中的安全事件价值，将安全日志的任意字段进行筛选过滤、阈值设定、结果集包含等；能够同时设定多种条件，规则立即生效后可产生安全事件和告警。

②关联分析：通过关联规则将跨越多个设备主要来源的多源异构网络安全日志信息进行关联分析；依据网络安全问题事件的相关工作规律，发现一些相关事件中隐藏的高级威胁及安全生产风险，设定阈值条件，触发安全告警。

③统计分析：从安全日志中发现重要的统计型特征；在实时流计算过程中可以统计日志中的任意字段中的数值，如事件数统计、求和、均值、最大值、最小值等统计策略。

④情报分析：通过最新的威胁情报信息与安全日志碰撞发现最新和潜在的安全威胁，与安全日志中的信息实时碰撞产生告警，通知用户及时处置。

(3) 通报预警：利用技术手段，协助铁路网络信息安全管理和运维部门对爆发的网络安全事件进行通报预警、安全事件处置。并以此功能为抓手，全面了解重要信息系统的网络安全状态和网络安全问题，开展通报预警、按时间处置和网络安全综合管理工作。通过预警统计，能够对发出的预警和整改通告的下发率和完结率进行跟踪统计。

(4) 快速处置：根据安全监测发现的重大安全隐患和网络攻击，及时向相关部门通报，下达快速处置指令，避免网络安全事件事态扩大化。事件处置知识库，能够对事件处置过程和结果进行记录，为发生的类似事件提供参考和处置建议。

(5) 等级保护：用于开展等级保护安全管理工作，通过各类信息系统的等级保护工作，可以更准确地评估和暴露网络安全风险，从而提高整体信息系统的健壮性。安全态势监测子系统将等保工作环节的信息与数据进行集中管理，利用自查自检工具实现等级保护基础数据导入基础数据库，并按区域、定级、单位、系统等条件进行统计分析和关联查询。

(6) 监督管理：通过安全态势感知平台的建设，能够基于安全检测、态势感知等技术手段对铁路行业信息网络中的基础设施、重要信息系统、数据安全、计算环境安全防护工作进行监督,对铁路行业内部等级保护、通报预警工作进行管理。

(7)情报信息:通过在线推送、离线拷贝、在线查询本地威胁情报库和威胁情报,实时比对本地网络中采集的数据,预判断远程网络攻击可疑的网络攻击行为,实现相关系统数据共享。

(8)追踪溯源:能够快速定位安全事件相关的攻击源信息、设备信息、系统信息、运维负责人和业务负责人,协助对相关事件进行快速处置。

(9)调度指挥:创建重大活动管理目录,并通过调度指挥功能在本次重大活动期间进行所需资源的调度与指挥,保障活动顺利开展。

(10)系统管理:包括用户集中管理的功能,并进行相关配置,如:对自身运行的参数进行配置,对数据采集、数据解析、数据备份等进行配置,同时对自身的安全进行配置(包括对认证方式、时间同步等)。还可以对自身的可用性进行监控审计,对自身的操作行为进行日志记录。

7.4.3 计算环境安全防护子系统

计算环境安全防护子系统,能够针对服务器硬件、数据库、网络链路性能、存储设备、云管理平台、Docker 虚拟化、网络设备性能、中间件、标准服务、业务应用进行监控。

(1)提供 CPU 利用率、链路通断、内存利用率、硬件运转情况等网络设备性能指标监控。

(2)利用 PING、SNMP 协议和模拟检测等技术,实现对网络链路性能进行监控,及时发现链路的通断及响应时延。

(3)IPMI 协议实现服务器电流、传感器风扇、服务器电源、服务器电源功率等服务器硬件指标监控。

(4)对 CPU 负载、内存利用率、文件系统、磁盘空间和吞吐等操作系统的服务器或集群的运行状态和性能数据进行监控。

(5)通过 SMI-S、SNMP 协议实现监测,对物理磁盘、存储池、控制器、存储卷等存储设备运行指标进行监控。

(6)对数据库工作状态、数据库表空间的利用情况、数据库内存利用状态等属性和数据库的进程状态,数据库系统的连接、事务、性能等信息,监控数据库性能指标。

(7)对线程类的线程平均数、空闲线程平均数、线程吞吐量、字节读取速率、字节写入速率、消息队列的队列平均排队时间、队列分发数量、队列当前内存使用率等中间件性能指标进行监控。

(8)对 Apache、IIS、SMTP、DNS、FTP、Domino 等标准应用服务进行监控,监控内容包括服务状态、响应时间、CPU 负载、数据处理量、运行时间、作业数、POP3 服务运行状态、邮箱登录情况、邮箱邮件数、邮箱空间使用情况、SMTP 服务运行状态、响应时间等性能指标。

(9)应用服务进行监控,监控内容包括但不限于服务状态、响应时间;通过与云管理平台进行对接,实现云资源监控。

7.4.4 资产配置子系统

资源配置子系统,包括配置类型建模、资产配置发现、资产配置维护、配置标签管理和资产配置应用。

(1)配置类型建模:自定义配置模型及类别等。

(2)资产配置发现:采用代理、非代理、数据对接等方式,实现各类资源的配置信息收集,包括资源全网探索式扫描、配置属性关系深度发现等手段,能够将发现结果根据后台策略自动导入配置管理库中。

(3)资产配置维护:按维护团队视角划分创建配置维护分区,各团队可进行资源认领并负责对该数据的维护管理。将配置自动发现结果根据后台策略自动将资源归属至配置维护分区。

(4)配置标签管理:批量进行配置属性与标签的设置与修改,资源标签批量设置及标签反向资源查找,对于配置变化,需要审核管理后方可执行。

(5)资产配置应用:资产配置管理提供标准的 API 接口,用于其他模块使用资产配置数据,可与集中告警管理、操作自动化管理、可视化展示管理等模块联动,为故障定位、运维操作执行、运行分析展示提供数据支撑。

7.4.5　综合运维管理子系统

综合运维管理子系统包括综合运维管理、安全事件管理、集中告警管理、应急响应管理、度量展示管理和级联管理等多个模块,各模块的功能如下。

(1)综合运维管理

综合运维管理模块采用统一采控、数据处理、组件服务,实现上层的各类工具、场景、应用无缝打通和扩展,同时提供针对集中安全管理平台各模块的统一维护管理。

①统一采控:提供分布式的资源采控体系,完成被管理资源统一采控,实现统一的第三方系统集成和纳管。包含分布式采集、采控扩展仓库、和采集调度引擎。

②数据处理:提供数据预处理、处理、存储、分析和消费功能,实现各类运维数据的流式处理,提供实时的运维信息。预置运维模型和分析算法,统一运维数据,形成数据资产。

③组件服务:提供采控管理服务、元数据服务、数据处理服务、编排规划服务、数据分析服务、认证服务等。

(2)安全事件管理

安全事件管理,包括安全事件上报管理、安全事件处置管理、安全事件发布管理、安全流程引擎四大主要功能。

①安全事件上报管理:对特定级别或类别的安全事件进行上报,包括安全事件类别、描述、发生时间、影响范围、相关人等信息上报。

②安全事件处置管理:提供对安全事件处置的全过程管理,包括安全事件的响应、分析、处置、调查评估和总结。

③安全事件发布管理:在集中安全管理门户发布安全事件,对有必要告知、提前预防或其他管理要求发布的安全事件,将安全事件相关信息发布在集中安全管理门户上,发布的内容可以自定义,通常包含安全事件标题、内容等。

④安全流程引擎:自定义 Web 在线的安全流程,保障流程在不同环节展现不同的数据表信息,进行自定义字段,字段类型包括数字、短文本、时间、长文本、附件、下拉列表、单选项、多选项、图片等。流程环节触发定时任务和自动任务,触发自动化作业等外部任务。

(3)集中告警管理

集中告警管理,包括事件标准化管理、事件压缩管理、事件数据归并管理、告警升级管理、告警处置管理。

①事件标准化管理:提供事件数据的接入标准化管理,通过配置接入规则,即可接入新的告警事件,装载 SNMP MIB 来解析 Trap。

②事件压缩管理:提供事件数据压缩管理,通过配置事件压缩规则,根据条件更新告警的部分信息,并将重复事件进行压缩,如最新告警时间和告警次数等。

③事件数据归并管理:提供事件数据归并管理,自动恢复的告警事件进行归并消除,通过配置接口处理数据归并,如端口 Up 事件自动消除端口 Down 告警。

④告警升级管理:提供告警规则升级管理,能够升级到指定级别,或者按照递增指定等级升级到相应告警等级。

⑤告警处置管理:提供快速查看最新告警、历史告警和处理中的告警,并通过告警可视化界面进行快速处理,同时结合人工判断方式处理突发事件。

(4)应急响应管理

应急响应管理,应急响应管理包括应急处置制度管理、应急调度管理、应急处置管理、应急事件升级管理、应急演练管理。

①应急处置制度管理:提供对应急处置制度的统一管理功能,应急处置制度的上传、存储和灵活的查询功能。

②应急调度管理:按照应急预案,开展人员、资金和设备统一的应急调度。

③应急处置管理:对应急处理过程及结果信息进行记录、确认,并及时告知相关方。在进行故障排查和诊断过程中,通过借助各类工具,如资源运行监控、安全事件管理、集中告警管理等获取相关数据以协助分析。

④应急事件升级管理:能够设置应急事件升级的策略和程序,以控制应急事件升级的授权和实施。

⑤应急演练管理:提供应急演练计划管理功能,可指定演练规划,包括应急演练的类别、频次、形式、时间等。同时提供演练前的准备工作管理、演练实施过程的跟踪、演练结束后的评估和总结等。

(5)度量展示管理

度量展示管理包括监控可视化展示、资产配置展示、安全可视化展示。

①监控可视化展示:提供面向数据中心网络、主机服务器、数据库、应用等维度的运行状况的展示看板,用以监视目前网络系统的综合运行状态。

②资产配置展示:提供直观的展示资产配置总览,包括但不限于资产配置分类统计、资产配置年限统计、业务关联资产配置统计、部门资产配置使用统计等,从整体上展示资产配置使用状况和趋势。

③安全可视化展示:提供针对安全事件的直观分析展示,呈现当前整体安全情况,包括严重安全事件排名、严重威胁排名等。

(6)级联管理

系统具备级联管理模块,通过级联注册和级联内容实现总公司与各路局之间的重要事务的上传下达,实现安全管理工作的协同联动。

①级联注册:各路局系统向总公司系统注册的功能,注册完成后在总公司可查看已注册路局系统信息,并以此为级联管理基础,实现安全管理工作和内容的级联。

②级联内容:总公司与各路局之间上传下达等多种安全管理工作的场景。路局可向总公司上报重大安全事件、资产信息、监控信息、故障信息、重要规划等。总公司可向路局下发重要补丁通告、制度规范、其他任务和信息通报等。

7.5　应用效果

铁路领域重要信息系统一体化安全保障示范工程建设以“网住全程、护好关键、拦控风险”为手段,通过在“中国铁路总公司、铁路局集团公司、站段”落实安全防护,实施措施三位一体安全联动层层监管,实现了铁路信息系统“网得起,护得住”,达到“铁网护栏”效果。项目构建了覆盖铁路领域全网络各层级的安全整体防御体系,具备了支撑铁路 55 万终端的网络准入、防病毒、安全防护能力,能够实时监测恶意篡改、跨站攻击、非法盗链等网络攻击。

通过态势感知和安全管理能力建设,构建监控管理体系实现对整个铁路网络安全的总体风险预测及控制,通过不断的数据采集、事件分析、安全事件形成、防护规则形成及下发的过程,将每个防护机制节点都看成态势感知的执行单元,最终实现“阻断各种威胁、正常数据放行”的反复螺旋式结构。数据在网络中传输时,根据对攻击威胁的特征确认,可以区分为已知威胁数据和其他数据。在每一个防护层面上,根据安全策略及规则,对于已知威胁将进行明确的阻断及告警;对于其他数据,可能是未检测出来的潜在威胁数据及正常数据,采集器采集后将通过安全数据平台上报给态势感知平台进行实时分析。在层层防护过程中,通过态势感知的威胁分析,转化为明确的威胁特征,总体上形成多层循环结构,使得安全防护机制及策略越来越完善及丰富,潜在风险逐渐减少,并控制在可接受范围内。

第 8 章　其他行业网络安全态势感知实践

在网络安全环境严峻和监管要求持续提升的大背景下，不仅是交通运输行业，各大行业尤其是公共事业、通信、金融、能源等关键信息基础设施涉及领域均大力推动网络安全态势感知建设实践，体现出各自行业特点的同时也都取得了一定的效果。以下分别选取具备典型意义的其他行业网络安全态势感知实践案例进行介绍。

8.1　电子政务外网态势感知

8.1.1　电子政务外网网络安全情况

随着政务部门信息化建设的逐步推进，我国政府信息化网络建设不断完善，政务外网的规模以及其上承载的业务和应用越来越多。经过数十年的信息与网络安全建设，政府的电子政务外网已经从局部建设迈入到整体优化阶段，尤其是在 2014 年中央网信办发文和 2017 年《网络安全法》等法律法规发布之后，政府行业在信息安全建设上的投入力度逐年加强。

政务网络一般包括承载互联网业务的互联网区以及与各政务部门业务连接的公用网络区，当前已实现了网络与边界防护、监控与审计防护、主机安全防护以及应用安全防护，形成了较为全面的安全防护体系。

基于互联网建设的政务网络，政务外网上承载了大量的应用，支撑政务工作同时面向公众提供服务，互联网区部署了大量对公网发布的重要应用，其跨地区、跨部门的网络连接架构，面临的安全威胁呈现全天候、常态化的特征，大大增加了网络攻击风险。主要面临以下风险：

(1)网络情况复杂难于监管：政务外网一方面由于互联网区连接互联网，存在一定安全风险；另一方面，由于公用网络区存在跨省、跨部门的连接情况，无法与互联网区安全隔离，存在被迂回攻击的风险。

(2)安全保障能力参差不齐：政务网络主要分级为中央、省、市、县的架构，各层级的安全保障能力差距较大，缺少统一的建设管理体系。

(3)业务众多易遭受攻击：政务网络的互联网区和公用网络区承载着大量的应用，时刻存在着攻击者进行的攻击以及内部人员违规操作的风险，各信息系统面临严峻威胁。

(4)内部资产难以摸清：政务网络庞大，难以清点系统资产数目，也难以辨别资产是否存在漏洞。

政务外网安全运营过程中亟须平台级处理响应机制和场景化的分析能力支撑日常业务，加之网络安全等级保护 2.0 对于统一安全管理要求的提升，围绕高级威胁的识别与分析，快速应急响应支持建设态势感知系统的需求日益迫切。需要建设政府管理特色的网络安全监测系统和有效的网络安全监测体系，以便对政务外网全网进行统一的安全监测，从而减少由于安全事件带来的损失，提高政务外网整体网络安全保障能力和水平。

2019 年 4 月开始国家网络安全监测平台一期建设，依照《政务网络安全监测平台总体技术要求》（T/CIIA 005—2019）初步建成了监测数据采集预处理、数据总线、监测数据分析、展示与应用以及平台运行管理功能，对政务外网广域网、政务外网中央城域网、中央节点互联网区（互联网出口和互联网数据中心）、中央节点公用区数据中心的网络流量进行监测，通过大数据分析平台进行综合关联分析，监测互联网区和公用区上承载的各类业务应用软件系统，对政务外网的安全态势情况实时掌握，为外网的安全建设提供指引，为外网的安全事件追溯提供依据，辅助应急处置，并且还能为国家重大活动保障提供技术和决策支撑。

8.1.2　电子政务外网态势感知平台

以国家网络安全监测平台为例，介绍态势感知在电子政务外网领域的实践。该平台采用业内先进的大数据架构，通过采集网络内所有 IT 基础设施数据，利用关联分析、数据检索、规则引擎、统计分析、机器学习等方法对网络内所有机器数据进行统一分析，实现对网络攻击行为、安全异常事件、未知威胁的发现和告警。平台提供了信息数据的集中存储、全文检索、态势场景、可视化展现等功能，同时搭载威胁情报中心。其总体架构如图 8-1 所示。

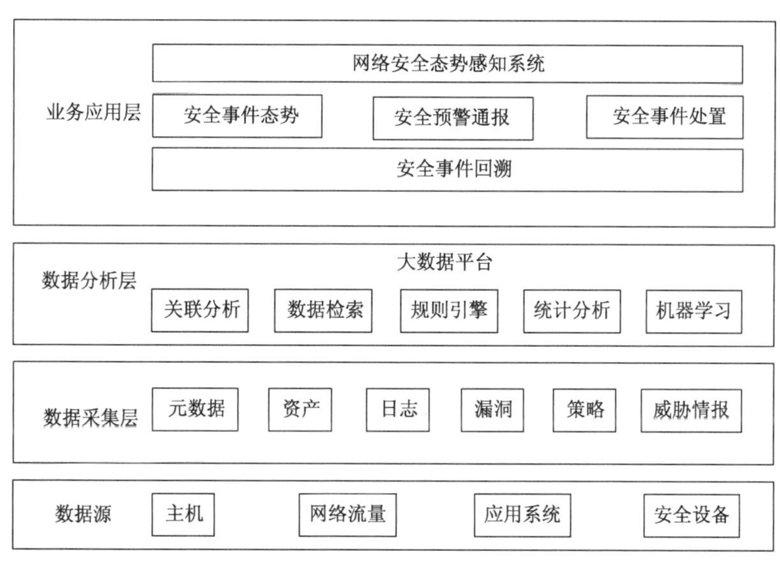

图 8-1　国家网络安全监测平台总体架构

1）数据采集层

数据采集层依托不同的数据采集对象和采集内容，定义不同的分析场景和建模，支持用户自定义采集方案并通过定制化的数据探针进行实现，为进一步场景化的态势感知分析需求提供数据支撑。数据接入类型主要包括网络安全、主机系统安全、应用安全以及数据安全。采集对象包括但不限于：数据交换设备、网络安全设备、服务器等主机设备、移动终端设备等。采集内容包括但不限于：元数据信息、资产信息、漏洞信息、日志信息、安全设备配置信息、策略信息、威胁情报信息、异常流量信息、已知事件库信息、未知行为检测信息以及其他信息等内容。本层通过汇总各类网络、安全设备数据，如路由器、核心交换机、防火墙、入侵检测系统、脆弱性检测系统、安全审计系统、安全认证系统、Web 应用系统、中间件系统、数据库系统等,实现对关键设备的运行状态全面采集。

2)数据分析层

数据分析层基于大数据开发,运用海量信息采集与处理方法,提供分层次海量安全信息的采集、存储、集中分析和综合态势能力展现等功能,同时提供在线分析、离线分析、就地分析的态势感知功能,为各类数据分析层需求提供分析支撑。数据处理采用自研的高成熟度组件,其中 Data Process 是采集系统中的数据处理子模块,从 Kafka 队列中批量获取数据,送入可插拔的插件中进行数据处理。Data Process 框架支持多个处理线程并行处理,同时也能够支持多个 Data Process 线程之间的串联处理。数据存储能够支持在线信息 Kafka 存储、离线大数据 HDFS 存储、全文检索 Solr 存储、资产、报表信息 RMDB 存储,在满足大数据计算的需求的同时,充分考虑数据消费的效率。分析计算采用大数据组件 Spark 和 Spark Streaming,支持大数据环境中的离线计算和在线计算要求。

3)业务应用层

业务应用层关注对于事件态势的展示和安全预警处置,内置 18 类 88 个通用安全场景,涵盖外部威胁、横向威胁、连接威胁、恶意代码四大类安全分析场景,并构建安全场景矩阵作为安全分析统一入口,综合展示外部威胁、横向威胁、连接威胁、恶意代码状况,并能够导航到对应的场景页面。平台内嵌了威胁的预警、告警和响应处置模块,来帮助用户提升线上安全处置的效率,做好威胁闭环的工作流,为安全业务的稳定运营和重大活动的安全保障提供有力的支撑。

8.1.3 电子政务相关标准发布情况

为推进政务外网的网络安全态势感知监测标准方面,除了《中华人民共和国网络安全法》和一些国家标准外,还研究制定了相关电子政务行业的相关标准,具体如下:

(1)《国家电子政务外网安全监测体系技术规范与实施指南》(GW 0203—2014),该标准给出了国家电子政务外网安全监测的体系技术框架、监测分类、监测对象与内容、分析与展示、级联检测以及实施指南。适用于指导各级政务外网建设运维单位开展安全监测体系规划设计、建设实施等具体工作,也可为接入政务外网的各级政务部门安全检测系统建设提供参考。

(2)T/CIIA 系列监测标准结合了国家政务外网安全监测平台建设的实践经验,推动和指导全国政务网络安全监测体系的建设、规范安全监测业务服务。目前已经用于规范国家政务外网安全监测平台和省级政务外网安全监测平台的建设完善及级联对接工作。制定了包括《政务网络安全监测平台总体技术要求》(T/CIIA 005—2019)、《政务网络安全监测平台数据总线结构规范》(T/CIIA 007—2020)、《政务应用 APP 安全要求和检测方法》(T/CIIA 010—2021)、《不同安全等级网络间数据交换安全技术要求》(T/CIIA 011—2021)等标准。

《政务网络安全监测平台总体技术要求》(T/CIIA 005—2019),该标准规定了政务网络安全监测平台的基本要求,提出了政务网络安全监测平台技术框架和相应的技术要求。适用于非涉密政务网络,规范各级政务网络安全监测平台(或监测系统)的规划、设计、建设和运行管理,相关网络安全监测平台产品的研发和安全测评工作。

《政务网络安全监测平台数据总线结构规范》(T/CIIA 007—2020),该标准规定了政务网络安全监测平台数据总线的格式内容要求及管理规范，主要用于规范平台内部各功能模块之间的数据交互、不同厂家/类型的监测分析子平台的数据格式统一标准化、指导行业内上下级平台之间的数据级联对接以及与第三方平台之间的数据对接。

8.1.4　平台建设应用效果

国家网络安全监测平台通过安全监测协同服务系统与省级平台共同构建全国政务外网的安全监测体系。在数据交互方面，中央节点可向省级节点提供威胁情报、处置工单、案例、重大安全事件通告等信息的推送。省级节点可向中央节点上报重大安全事件、案例、风险状况、报表、总体态势、告警统计等信息，实现日志数据、事件数据、处置数、情报数据的上下级联动。

在该平台建设过程中，同步由国家信息中心和国家电子政务外网管理中心配套发布了《政务网络安全监测平台总体技术要求》《政务网络安全监测平台数据总线结构规范》及《政务网络安全监测业务服务规范》三个团体标准以指导政务网络安全工作，尤其是态势感知平台安全监测体系的建设。其中，《政务网络安全监测平台总体技术要求》(T/CIIA 005—2019)规定了政务网络安全监测平台的基本要求，提出了政务网络安全监测平台技术框架和相应的技术要求。《政务网络安全监测平台数据总线结构规范(征求意见稿)》规定了政务网络安全监测平台数据总线的格式内容要求及管理规范，主要用于规范平台内部各功能模块之间的数据交互、不同厂家/类型的监测分析子平台的数据格式统一标准化、指导行业内上下级平台之间的数据级联对接以及与第三方平台(如公安部门、工信部门、网信部门等)之间的数据对接。《政务网络安全监测业务服务规范(征求意见稿)》规定了政务网络安全监测业务服务所需的服务原则、服务条件、服务内容、服务过程及服务管理的相关要求，用于指导监测业务服务的选择和开展。

通过平台的建设运用，持续采集电子政务外网的海量安全数据，经过深度分析挖掘、综合研判后形成电子政务外网领域威胁情报，反馈调整电子政务外网的各级各类安全策略与防护措施，实现了安全防护能力的自主进化与智能化叠加演进，建立了安全大数据驱动的自适应安全运行管理体系，形成“威胁预防—威胁检测—威胁防御—威胁响应”的安全运营闭环。同时结合全方位大范围安全监测与态势感知，预测未来可能攻击威胁，有效提升了复杂新型安全威胁对抗能力和智能化安全水平，强化了电子政务外网整体安全防护效果。依据电子政务外网相关政策标准的要求，将先进安全防护技术体系与当前电子政务外网运行管理制度体系融为一体，用管理手段辅助技术能力发挥应有作用，用技术手段支撑安全管理制度落实，技术与管理双管齐下、协同发展，技术防护与人工检查相向而行、互为补充，有效保障电子政务外网高效运转、平滑过渡、安全可靠。

8.2　电信行业态势感知

随着电信企业信息化的业务领域不断拓展，电信网络的安全架构整体趋于复杂，各种类型的安全数据和安全设备越来越多，安全运维压力不断加大。独立分割的安全防护手段已经很难应对如此复杂的安全环境。另外，违法不良信息扩散、高危漏洞利用、特种病毒传播、APT 攻击等非传统安全威胁兴起，合规类渗透和内控类风险逐步加剧，电信企业迫切需要利用更多的安全数据，对各类网络风险进行预测和检测分析，对基础架构安全、应用安全、数据安全乃至业务安全中面临的各类高级威胁做出判定和响应,以支撑业务持续、稳定、安全运行。现今高级恶意程序已经逐渐成为 APT 攻击的主流,甚至已经出现隐秘通道向企业内部逐渐渗透的情况。

8.2.1 电信行业网络安全情况

在当前网络安全的环境下,电信企业部署了数量众多、种类齐全的安全设备,初步形成了防护体系,但目前网络内部署的安全设备大多只能实现单点检测,检测能力严重受限,安全事件依然频繁发生,诸如勒索病毒感染、APT 攻击,敏感数据泄露等,企业投入大量建设经费的安全体系并没有有效改善企业安全状况。电信企业的专职网络安全人员较一般企业配备较多,但面临数量繁多、类型复杂、品牌各一的网络和安全设备,安全防护能力仍显得捉襟见肘。特别是电信企业仍处于高速发展阶段,其大型的 IT 环境不断变化,日常安全运维压力巨大,对大型网络环境下多系统多平台协同和自动化安全运维的需求极其迫切。

在数据安全方面,电信企业掌握了大量的敏感信息,其中不但有公民的个人基本信息,更有能对用户进行个体化行为分析的业务数据。面对海量的敏感数据和隐私数据,如何实现全面、高效、安全的防护,也是目前所要面临的主要挑战。

随着网络安全被纳入中国国家战略,安全日志的采集存储和安全威胁的检测要求也被纳入相关国家法规、行业合规监管的具体条款中,并要求企业用户必须予以满足。目前电信企业的信息安全管理需要遵从众多的法律法规,包括《信息安全等级保护管理办法》《基础电信企业信息安全责任管理办法(试行)》《企业内部控制基本规范》《涉及国家秘密的信息系统分级保护管理办法》等,也包括电信行业、企业集团相关要求如《省级基础电信企业网络与信息安全工作考核要点与评分标准》《通信网络安全防护符合性评测》《移动业支规范》等,对关键信息基础设施在系统运行安全、网络安全、日志存储、监测预警与应急处置等方面均进行了明确规定。为落实政策监管要求,树立正确的网络安全观,增强网络安全防御能力和威慑能力,亟须建立全天候全方位感知网络安全态势的支撑平台,集中收集分析安全日志,对企业的资产、应用、系统、网络、用户存在的安全风险隐患,进行可视化、多维度的安全态势关联分析展示。

同时,运营商更需要从自身管理出发,统一建立信息安全管理体系,覆盖电信业务信息系统建设、客户信息保护、业务经营和运维等生产运营环节,解决电信系统内部不同工作业务流程信息安全割裂和各自为战的状况;落实各部门、各运营环节的信息安全工作责任,明确工作要求;形成信息安全预警、防护、监控、响应、测评闭环管理体系,强化信息安全执行与管理,夯实电信行业的管控基础,应对市场挑战和竞争压力。

电信行业态势感知平台通过建设与核心业务系统同步适应的安全防护与管理能力,逐步推进全网“资产管理、安全接入、安全防护、数据安全、安全分析、安全运营管理”六大关键能力的建设,实现全网统一的安全管控体系。根据“安全三同步”“持续提升”“统筹协调”等建设原则,通过资产管理能力、安全接入能力、安全防护能力、数据安全能力、安全分析能力、安全运营管理能力的建设,形成总分两级态势感知能力体系,提升全网安全,打造从人防到技防的安全体系,实现安全可管可控。

8.2.2　电信行业态势感知平台

习近平总书记在“419 讲话”中明确提出了关于在信息系统中建立态势感知机制的重要性。近些年国家出台了《中华人民共和国网络安全法》;主管单位也发布了针对电信和互联网行业相关要求,如《省级基础电信企业网络与信息安全工作考核要点与评分标准》《通信网络安全防护符合性评测》《移动业务运营支撑系统业务技术规范》《基础电信企业网络安全态势感知平台建设指南》等,按照监管部门对保卫基础信息设施的工作部署要求,统一明确建设网络安全一体化态势感知平台,实现安全数据中心建设、安全威胁分析、安全监控预警、安全威胁处置以及安全运营管理等要求。以集中化建设、分阶段演进为总体思路,遵循“安全三同步、先立后破、近源防护、能力持续提升、安全运营可持续”原则,实现安全威胁分析与预警、威胁应对与快速处置、资源整合与统筹指挥的能力。以业务技术支撑部、网络管理部、信息安全管理部三大主要部门为主,进行业务融合、数据共享、统一建设运营。

依托逐年建设的安全平台工程,运营商构建了事前控制、事中防护、事后审计的常态化管控体系。在开展常态化安全管控工作中,能够源源不断产生高价值的安全数据。如何有效挖掘安全数据的价值,将对安全事件的响应从事后处理提前至事中控制或事前识别,需要通过革新升级安全分析手段,提升对安全态势的感知能力。目前主要存在以下几个问题:

(1)传统技术架构面对海量数据的集中化处理和存储无法解决安全运营中的管理“痛点”。

(2)已具备如不良信息监测、垃圾短彩信监控、电信防诈骗、伪基站监控及客户敏感信息监控等多种安全管控技术手段,然而目前各系统独立运行,缺乏整体性安全分析及管控能力。

(3)现有的基于规则的分析方法无法应对当下多变快速的攻击威胁。

(4)现有数据处理能力无法有效发现高级、持续的敏感信息泄露及业务操作轨迹。

(5)在重大活动保障中缺乏有效的快速处置及应急响应能力,无法有效整合分散在企业环境中的人力资源、安全资源、系统资源和流程规范。

(6)安全运营效果难以衡量,安全工作中缺少有效的运营评价体系。

网络攻击一旦发生,没有快速事件响应,业务网络不仅被控制和破坏,还要面临业务数据泄露。从实际出发,面对越来越严格的监管和企业责任意识的增长,修复工作的速度和可测性变得更加重要。在提升安全响应效率的时候,不仅从单点(譬如单纯从端点或者网络)去考虑,还需要从全网整体安全运维的角度去考虑,将分散的检测与响应机制整合,通过智能化、自动化来减少安全人员花在重复繁琐事务上的时间。在解决以上问题的过程中,主要应用了如下方法:

(1)建立安全数据管理中心,以实现各部门异构数据统一采集、标准化和共享。

(2)建立统一威胁分析中心,以业务驱动构建安全分析场景,补充单点分析手段。

(3)建立统一情报中心,引入内外部情报数据。

(4)形成流程化处置手段,根据攻击属性和影响范围对事件进行分类分级,关联资产及责任人,对事件进行工单派发、处置和反馈跟踪。

以某运营商态势感知平台为例介绍态势感知在电信行业的实践。该平台主要针对网络安全防护、安全运维、合规监管的要求进行规划建设，形成“1 + 5 + N”模式的安全分析与预警平台。“1 个平台”即打造全网集中统一的安全威胁分析与预警平台。“5 个中心”为形成统一的安全展示中心、安全威胁中心、安全分析中心、安全策略监测中心、安全数据中心。“N 个节点”指依托私有云资源池规划和建设，形成 N 节点分级架构，监管和督促全网安全态势管理工作。其总体架构如图 8-2 所示。

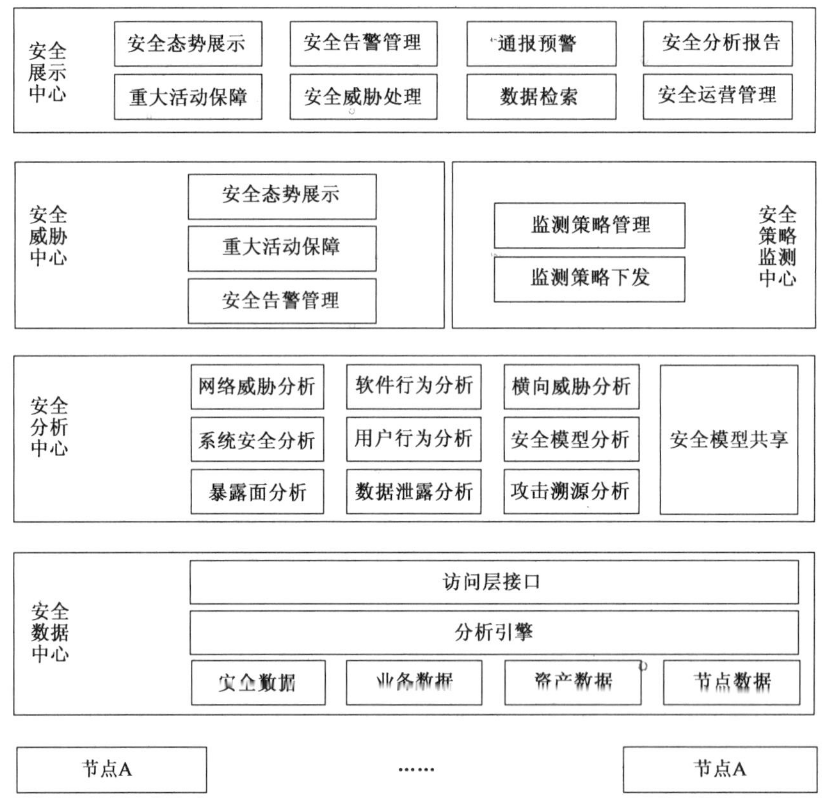

图 8-2　运营商态势感知平台总体架构

1）安全数据中心

安全数据中心实现全网的安全数据的集中采集、标准化、存储、全文检索、统一分析、数据共享及安全数据治理，同时对数据进行实时的质量管理和监控等。该中心支持应用系统和用户对数据存储、计算引擎的访问和调用，提供 SQL、机器学习、图分析、深度学习、经典统计分析和根据特殊场景定制分析引擎的能力，还可与全网 4A 平台、全网 SMC、合规平台和敏感数据平台等实现接口的有效对接。

2）安全分析中心

安全分析中心实现了对安全事件相关日志信息的快速检索、溯源取证能力，实时洞察安全隐患并快速定位，实现网络威胁、系统安全、暴露面资产风险，对网络安全态势发展趋势进行预测。

3）安全威胁中心

安全威胁中心实现了威胁情报从获取、应用、分析、共享到再生产的闭环管理。可对威胁情报进行查询验证、概况集中展示，将安全事件结合内、外部情报关联碰撞，提高安全态势平台安全隐患的监测能力。

4）安全策略监测中心

安全策略监测中心与二级节点平台支持安全策略上报、下发两类数据接口。

5）安全展示中心

安全展示中心实时展示全网不同维度的安全威胁分析与预警信息，并作为多模块管理入口能力。通过数据检索分析引擎，实现数据高交互探索与查询。基于攻防视角，通过攻击态势、异常流量态势、恶意操作态势、脆弱性态势、资产安全态势输出，具备针对外部威胁和自身的脆弱性情况的分析和展示功能，支持安全威胁风险的周期性统计分析功能，最终形成全网安全态势综合分析报告。基于业务部门视角，通过重要业务系统态势、重要资产安全态势、人员安全态势输出，呈现业务部门特有的安全态势情况。通过日历角度呈现多种重大活动日程，根据历史重大活动期间发生的安全事件和安全保障的总结，为各省的安全保障工作提供建议。针对不同级别的重大活动保障，提供可视化的活动保障规划、部署、整改、监控、应急措施情况，提供重保监控大屏进行安全风险动态呈现。根据不同汇报对象、不同汇报场合，提供具有针对性的分级态势报告。基于流程化的通报预警、应急响应，提供事件联动处置、快速处置、应急响应工具包等快速响应及联动处置功能。

电信运营商的态势感知系统从应用效果来看：首先，满足了数据驱动合规要求——一个平台实现全网安全数据的集中管理。通过将各类安全数据统一采集、存储、检索和审计，日志存储和生产环境分离，基于平台提供的智能搜索界面，用户可以轻松地查找、分析安全相关信息，满足合规监管部门的基本安全要求，还能避免对生产环境的不当操作，提高安全运维效率。第二，满足了数据驱动安全的要求——通过检测高级安全威胁，降低企业安全风险；通过多种分析手段，帮助网络安全技术人员从海量数据中快速检测，发现当前正在发生且真正需要关注的内外部高级安全威胁，并进行告警，方便安全人员及时处置，将风险降至最低。第三，满足了数据驱动运营的要求——通过掌握企业安全全貌，支撑安全运营；帮助安全人员掌握企业安全全貌，包括安全设备运行状况、企业资产的准确性，并发现防护框架中存在的各类问题并优化改进，通过平台内置的各项功能实现安全事件闭环管理，有效支撑安全运营工作。

8.3　金融行业态势感知

8.3.1　金融行业网络安全情况

金融是影响国计民生的重要行业，中央办公厅、国务院办公厅、公安部、人民银行、银保监会和证监会等主管部门对金融系统的信息安全问题非常重视，先后对金融行业信息安全工作提出了指导建议和相关规定，明确指出要加大在信息安全治理工作方面的投入，特别是要保障对公众提供服务的金融行业相关业务系统网络安全和系统平稳运行。

近年来，金融网络安全风险和网络安全攻击威胁逐步升级。一方面，攻击者渗透到金融IT系统的范围和领域正逐步深入，从网络服务、金融服务逐步深入到核心业务数据网络攻击和窃取层面，针对用户隐私和财产的网络攻击事件不断发生。另一方面，金融网络安全防御落后于快速发展的互联网非对称攻击，信息安全基础设施发展的背后，是保护相对不力,缺乏核心技术及金融业的网络安全管理成熟度还有待提高。网络安全威胁、数据安全威胁、金融企业的管理安全威胁正严重影响金融业的正常运作,财务安全风险形势越来越严峻。

金融机构在日常安全运营过程中,面临着几大痛点问题。诸如:难以及时发现安全问题(高价值的实质性攻击信息被淹没在海量的正常业务和低威胁攻击数据中);难以快速定位需要人为介入的高级别事件;难以进行取证溯源(原始证据信息分散在多个系统和安全设备,缺乏威胁情报数据支撑,很难取得有效证据定位攻击源头);难以迅速响应(技术应对需涉及跨系统跨平台的配置变更,需要多方协调配合,难以第一时间迅速处置阻断攻击)等。

随着国内外网络安全问题日益凸显,国家层面对网络安全工作的重视程度也不断提升,不仅通过《中华人民共和国网络安全法》立法指出要"加强网络安全监测预警"和"加强网络安全态势感知",并且在2016年和2018年的全国网信工作会议也指出"要全天候全方位感知网络安全态势",并且"要做到关口前移,防患于未然"。

为加强金融行业信息技术风险管理,近年来监管部门进行了多次信息安全检查和风险预警。各行业监管机构相继出台了信息科技安全的相关政策法规,如《银行信息科技风险管理指引》《中国人民银行关于银行金融机构信息安全等级保护的指导意见》《金融行业信息安全等级保护实施指引》《网上银行安全保护要求》《证券公司网上证券信息系统技术指引》《期货公司信息技术管理指引》《证券期货业信息系统安全等级保护测评要求(试行)》及《保险公司信息化管理工作指引》等,目前各个金融单位对信息安全建设十分重视,纷纷加大信息科技管理的投入力度。

保障金融安全是发展金融科技的底线和红线,金融安全更是国家整体安全的核心。高价值的个人金融信息使得银行保险业始终是组织化犯罪团伙最高优先级攻击目标。近两年,域外国家支持的网络攻击逐渐浮上水面。对于金融等特别重要的领域,公安部组织的"护网行动"攻防演习级别连年上升,以攻促防,全面排查隐患,提升关键信息基础设施面对网络攻击实战的安全防御能力。中央人民银行发布的《金融科技(FinTech)发展规划(2019—2021年)》指出,要:"加强企业金融服务网络安全风险控制,进行金融安全生产风险管控,严格落实《中华人民共和国网络安全法》等国家通过的网络环境安全法律政策法规及相关工作制度标准,持续发展加大对于网络安全管理研究力度,健全全流程、全链条的网络数据安全科学技术防护体系,加快制定并组织实施金融业关键软硬信息基础设施设备安全战略规划,增强工信、网信、公安等部门的协调联动,切实有效提高金融业关键软硬信息资源基础设施安全,并提供安全保障。完善金融企业网络安全控制技术创新体系建设,健全金融市场网络结构安全应急管理体系,优化金融业灾难备份系统功能布局,提升金融业信息处理系统主要业务的稳定性和持续性。加强网络安全态势感知,动态监测结果,分析网络流量和上网行为,绘制金融机构网络安全整体态势图,准确把握网络威胁的规律和趋势,实现财务风险全局感知和预判预警,提升重大网络威胁、重大灾害和突发事件的应对能力。加强顶层设计和统筹协调,建设跨业态、统一的金融网络安全态势感知平台,支撑金融业网络攻击溯源和精确应对,提升重大网络攻击的全面掌控和联合处置能力。"

面对日益严峻的信息安全挑战,2017年银保监会发布《中国银监会办公厅关于加强网络信息安全与客户信息保护有关事项的通知》简称(银监会发布〔2017〕2 号文),该通知指出,金融机构和银行应该加强应用安全,建立全生命周期的安全控制系统;支持该网络攻击事件全方位感知并生成评估后的检测审计日志,将危害和入侵事件实时全程跟踪并纳入日志内容。同时,目前采集单一的数据源无法提供安全趋势分析,决策者无法根据当前环境的连续变化情况做出更好的决策。

8.3.2　金融行业态势感知与信息共享平台

金融行业整体建设金融业态势感知与信息共享平台,实现对行业内安全信息的总览监测、对态势数据的综合分析,建立上下统一调度的指挥平台,帮助成员单位快速共享情报,形成对行业内安全资产的风险管控。实现对整体金融行业信息安全的“可见、可查、可控”三个能力。“可见”即通过对态势数据的综合分析,展现行业层面所受到的攻击和威胁态势,监控各成员单位的安全状况,形成对整体安全风险的全局视野和掌控能力;“可查”即各成员单位之间共享威胁情报,预警行业内的重要安全风险,做好安全威胁的主动应对;“可控”即通过建立一个上下统一调度的指挥平台,从事前、事中、事后角度对全行业安全事件、安全漏洞和安全威胁有效纳管,向各成员单位提供管理、技术、数据、资源等方面的支撑。

以下以某国有大型银行云态势感知平台为例介绍态势感知在金融行业的实践。该平台建设基于该行公有云平台,以多租户模式提供 IaaS、Paas、SaaS 等服务,因为租户本身的信息安全技术能力参差不齐,急需云服务的运营方提供安全的增值服务,以对租户本身系统的安全态势情况有全面的概览,对攻击威胁及时发现,对未知威胁通过大数据、人工智能技术分析进行预测发现、处置。平台由态势展示层、威胁分析层、安全数据中心组成,其总体架构如图 8-3 所示。

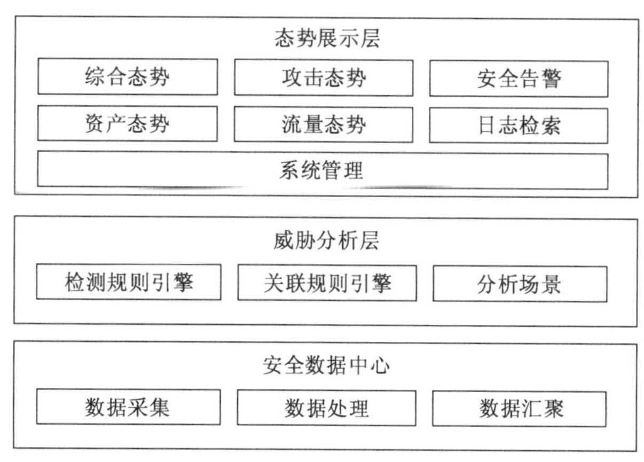

图 8-3　大型银行云态势感知平台总体架构

1)态势展示层

态势展示层负责展示各种安全数据按各种场景分析之后得出的安全威胁及告警成果,主要功能模块包括各类安全态势和安全告警、提供原始日志与标准化日志的搜索入口以及本平台的系统管理入口。

2)威胁分析层

威胁分析层内置了针对外部安全威胁的分析能力,提供了多种安全分析场景。本层功能起到承上启下的作用,同时容纳了安全威胁场景模型。金融行业态势感知系统的分析场景尤其强调安全与业务的结合,将风险情报作为信息输入,将平台用于数据分析,分析结果作为智慧防控的依据,结合案件打击手段,这几个环节的衔接,形成业务安全风险事前分析、事中阻断、事后处置的全防控流程。平台建设过程中,针对业务安全也进行了反爬虫、防暴力破解、防薅羊毛等大量的场景设计实现。

3)安全数据中心层

安全数据中心层是一个企业具有自己独立服务管理能力的数据信息中心,实现各类安全相关数据的存储、汇聚、采集、检索能力处理,并向安全业务接口提供数据订阅接口。该中心以接口形式向安全威胁分析与预警的分析提供输入数据,同时以接口形式提供安全能力开放。

该系统已经实现30余类网络安全设备的接入,全行每天数量超过1.5亿条,并初步建立起了覆盖云平台与基础设施监控和租户统计、网络攻击预警、业务安全分析的运营支撑能力,特别是实现了多租户云环境下对安全风险数据的实时采集和存储,支持租户级别的安全态势监控服务,支持租户级别的安全态势分析服务,支持租户级别的安全态势预测服务,支持与行业标准化的威胁情报信息进行集成,提供了高质量的态势感知服务,支持各租户对系统的安全态势情况进行全面的了解,对攻击威胁及时发现,对未知的威胁通过大数据、人工智能技术分析进行预测发现、处置。通过规则将安全运维工作经验转化为云平台租户可用的安全能力,让云平台租户全方位感知云上安全态势。通过安全与业务的高度结合,通过安全分析促进业务风控,保障业务安全。

8.4 电力行业态势感知

8.4.1 电力行业网络安全情况

电力行业作为关系国计民生、国家安全的重要基础行业,是为社会和人民生活服务的公用事业,其安全性直接影响到社会稳定发展和经济正常运行。例如:2019年2月,德国柏林电力系统大崩溃,事故整整持续了25小时,导致柏林大范围停电事故,受到波及的还包括手机基站和固定电话线路,严重影响居民正常生活;2019年7月13日傍晚,纽约标志性建筑帝国大厦等陷入黑暗,电梯、地铁、路灯、交通信号灯等公共服务设施全部无法正常工作。

电力基础设施的破坏会造成信息网络层面的安全问题,导致基础设施的破坏,影响电力信息网络安全,可能会造成电力信息的丢失,使得电力信息干线网络出现故障。同时,人为因素对电力信息网络进行攻击,破坏电力企业的信息系统,可能导致电力信息的内容被篡改,重要的电力信息被删除,影响电力信息的完整性。另外一些利用监听设备来监听网络上传输的电力信息的攻击行为,可能窃取商业机密,造成电力企业的经济损失。

我国能源主管部门国家能源局高度重视电力行业的网络安全工作,定期开展网络安全专项检查和督导工作,其发布的《电力企业信息安全与网络专项监管报告》指出:"电力电网公司业务系统安全防护普遍存在问题,尤其是存在工控设备高危漏洞的情况,存在运维人员违规设备接入和持续性攻击潜伏等情况较为严重,同时各企业普遍缺乏对全网尤其是工控网络流量监测和日志收集分析能力。"电力行业企事业单位运行的网络安全管理和控制系统是无法进行网络安全监测、预警和分析,亟待建立全天候、全方位有效的网络安全态势感知的应急处置体系。建立电力业务的网络安全态势感知系统，可以实现全方位和全天候的电力业务系统网络安全态势感知，可以监测、分析、感知、预警各种类型的网络安全风险和非法访问事件，最终实现电力系统业务的网络安全防护目标。

8.4.2　电力业态势感知平台

以下以某电网公司态势感知平台为例介绍态势感知在该行业的实践。该平台是"十三五"信息安全智能防御体系的重要基础设施，是公司行业关键信息基础设施网络安全专项提升行动计划的重要内容，是以公司网络信息安全态势感知等业务需求为基础，融合各安全系统功能和数据，全面利用大数据分析技术，实现安全态势、高级分析、安全事件、场景建模和情报管理、资产监测等功能的应用平台。该平台将工控网络中生成的网络安全数据存储到数据中心，利用大数据、云计算技术进行分析、挖掘，实现安全监测、态势感知、资源监测、等保管理、通报处置、情报信息、侦查调查和追踪溯源等功能，并进行可视化呈现。系统设计全面遵循了现行《网络安全技术信息系统安全等级保护基本要求》（GB/T 22239）和《工控系统安全指南》（NIST SP800）中有关态势感知的要求，实现了实战化、体系化、常态化，建立了动态防御、纵深防御、联防联控的态势感知技术体系。

该平台以公司企业现有数据信息进行安全管理的系统为基础，融汇集成相关服务功能，建设、发展、形成了一套支撑公司网络安全环境监测与分析类业务工作开展的安全管理系统，实现网络信息安全风险监控"动态感知、智能监控、主动响应、全景可视"业务能力目标，确保网络信息质量安全问题事件"看得见、看得深、看得准"。满足公司十三五信息社会安全"可管可控、可视可信、智能防御、精准防护"的网络安全策略。电力电网企业的网络安全态势感知系统的特征是：一是协议的多样性，在数据源层，能够采集电力业务系统中各种网络报文和工控协议；二是原始数据接入的安全性，电力业务系统的源数据采用零侵入方式接入平台，不会对电力业务系统运行环境造成任何影响；三是源数据处理的主动性，采取主动方式对电力业务系统的源数据进行清洗、格式转换、标准化、逻辑关联及标签化，保存到大数据平台中，技术上兼顾了业务系统稳定性要求；四是规则引擎，实时检测电力业务中的突发指令操作，在电力业务中有一些高风险的指令操作需要给出告警提示，例如：关/合闸操作、修改定值操作等，用户也可以根据业务管理的需要进行相应的用户行为安全规则增减。

电力行业态势感知技术，代表了电力行业安全领域的发展方向，电力行业安全感知系统被动采集并解析电力生产网络中的流量报文、主动感知电力生产网络中潜在的安全事件并对风险进行量化处理，提升了用户发现本地异常行为的能力；威胁情报打通的攻击定位、溯源与阻断等多个环节可以有力地保障电力生产网络的稳定运行，为电力行业的安全生产保驾护航。同时，能帮助用户发现针对电力行业业务系统的安全威胁，并进行防御，减少用户的经济损失，防止声誉受损，同时也能为整个电力行业的安全防御提供重要支撑。

第9章　交通运输行业网络安全态势感知建设思考

9.1　网络安全态势感知建设必要性

近年来,交通运输领域技术创新能力不断增强,装备结构持续优化,技术水平提升明显,交通信息化支撑力度显著增强。高速铁路成套技术和铁路重载运输技术不断成熟并得到广泛应用,高速列车、大型客机等大批交通运输装备成为“中国制造”的崭新名片,交通运输整体技术装备水平大幅提升。汽车安全性能和智能化水平不断提升;超大型、大型专业运输船舶建造水平大幅提高,内河船舶的环保性能、标准化程度和运输安全性明显改善;国产大飞机研制进展顺利;运输装备研发及交通基础设施建设和养护等方面的众多关键技术取得重大突破,诸多领域达到国际先进水平;交通运输装备产业化和国产化水平有所提升,船舶工业和轨道交通“走出去”初显成效。高速通道、特大桥隧、深水筑港、大型机场工程等建造技术具备世界领先优势。以互联网、大数据、人工智能为基础的新能源、新技术,在交通运输领域有广泛的应用代表性,共享单车、网约车等新业态不断涌现,智慧交通、自动驾驶等新科技正被迅速推向市场。交通运输信息统筹整合工作稳步推进,一卡通应用领域不断拓展。铁路、公路、民航客票系统信息化和自动化程度显著提升,无纸化电子票据得到大力推广。物流仓储的信息化程度不断提升,智能定位通信装置、智能标签、智能集装箱和海事通信等信息化技术得到广泛应用,远程货物运输保障能力明显加强。ETC不停车收费系统已经在我国省市间联网全覆盖。智慧城市和智能交通的推广示范显著提升了大中城市的出行体验,公共交通信息化水平明显改善。

建设网络强国,“没有网络安全就没有国家安全,没有信息化就没有现代化。要有自己的技术,有过硬的技术;要有高素质的网络安全和信息化人才队伍”,这是2014年2月27日习近平总书记在中央网络安全和信息化领导小组第一次会议上的讲话内容。信息化发展不仅将覆盖交通运输现代化建设的全局,同时也将成为中国交通运输关键信息基础设备管理和公共服务的关键载体,交通运输行业的信息化通过网络环境安全保障将是我们国家信息化体系建设的重要组成部分。正如习近平总书记在全国网络空间安全和信息化工作人员会议上强调的,没有网络空间安全就没有我们的国家安全,这一方面论述,将网络安全上升到国家安全体系层面,为加快交通运输行业提高网络安全管理服务能力建设指明了基本研究方向,并提供了重要遵循的依据。中央网络安全和信息化委员会于2021年12月27日印发的《“十四五”国家信息化规划》对实现“全天候全方位感知网络安全态势”提出了一些具体规划要求,即加强网络安全核心技术联合攻关,开展高级威胁防护、态势感知、监测预警等关键技术研究,建立安全可控的网络安全软硬件防护体系。实施国家基础网络安全保障能力提升工程,加强关键信息基础设施安全防护体系建设,增强网络安全平台支撑能力,强化5G、工业互联网、大数据中心、车联网等安全保障。完善网络安全监测、通报预警、应急响应与处路机制，提升网络安全态势感知、事件分析以及快速恢复能力。特别是2017年6月开始颁布实施的《中华人民共和国网络安全法》和国家一系列的政策文件，已将金融、公共卫生服务、能源、交通、水利列入重要行业和领域。

综上所述，交通运输行业需要不断深化实施网络安全态势感知平台建设，以履行行业监管职能为切入点，以行业安全管理政策落实、行业安全监测等为建设内容，站在全行业网络安全的战略高度，通过有效实施信息安全监管，加强行业信息安全统筹管理，增强对行业信息系统运行监管、网络安全态势感知、重大突发信息安全事件决策和应急处置等方面的监控和指挥能力。

建设和推广行业的网络安全态势感知平台必要性如下：

1）是有效落实国家和行业网络安全战略，进一步推进行业战略规划的需要

交通运输部高度重视网络安全保障等相关工作，成立了部网络安全和信息化领导小组，《数字交通“十四五”发展规划》对工作思路形势要求、工作目标、重点任务都进行了详细规划，其中强调：“围绕全链条、全要素、全周期，构建事前防范、监测预警、应急处置三位一体的网络安全防护体系。提升基础安全防护水平。严格落实等级保护制度，加强信息系统安全建设管理、网络安全检测评估。加强行业网络安全政策标准研究，完善信息通报制度，建立风险报告、情报共享、研判处置机制。”

行业企事业单位的信息安全是国家信息安全的重要组成部分，是与国家安全息息相关的组成要素，通过强化信息安全监管体系、网络安全工作管理、网络安全监测、行业安全关键技术探索等几个方面措施，必将在很大程度上推动行业战略规划的落实。

2）与国家级网络安全管理平台对接的需要

中央网信办、公安部等部门，为贯彻落实国家网络安全政策法规，履行网络安全监管职能，已搭建“国家网络与信息安全通报平台”和“国家网络安全检查信息共享平台”。这些平台数据主要来源于各个行业部门，在多个场合要求各行业主管部门尽快建设本行业管理平台，交通运输行业网络安全态势感知平台建设，以满足中央网信办、公安部等国家职能部门的监管要求，与国家级网络与网络安全管理平台形成有效对接。

3）扩大行业监管覆盖面，提高监管数据准确性、权威性的需要

目前交通运输行业部管国家局、司局、部属行政机构、部属事业单位、与各地方管理机构、相关单位之间的沟通主要依靠邮箱、电话及传真等单线方式，缺少全行业层面的、涵盖各级管理部门及企事业单位的统一的网络安全态势感知平台。根据职能实现逐级管理，并通过管理平台连接国家相关网络安全管理部门，从而形成信息准确、传达及时、权威的网络安全管理平台，必将大大提高交通运输行业网络安全事件应急指挥处置能力。

4）及时了解行业安全动态、提高应急响应能力的需要

目前，交通运输行业拥有各类信息系统，其中大量的行业企事业单位的业务应用系统被列入国家级重要信息系统名录。对于铁路、公路、水运、民航、邮政等具体网络与信息安全监管部门，需要对这些系统进行实时安全的监测和整体安全状况进行了解，有必要通过开展行业网络安全态势感知平台的建设，促进实时获取行业领域信息安全状况，及时掌握各类信息安全事件信息，通过对数据的收集、处理和分析，掌握全行业整体信息安全状况，为行业管理部门的决策提供科学依据。

9.2 网络安全态势感知面临挑战

当前,行业网络安全态势感知平台的应用效果不仅在技术方面需要与时俱进引入更先进的技术,更需要能够立足于用户的业务发展趋势,并从更多的角度来认识和迎接行业网络安全态势感知平台建设的挑战,在用户长期的安全运营中不断探索出符合自身业务突破点。主要应对的挑战有安全运营、基础能力、系统建设、人才培养等四方面内容。

9.2.1 安全运营工作难度大

网络安全态势感知是网络安全运营治理的重要组成部分,但不能指望网络安全态势感知平台在短期内解决所有的网络安全问题。首先,安全态势感知需要基本的网络安全环境基础收集功能,否则就会成为“空中楼阁”。其次,从业务系统的生命周期的考虑,还包括与各种业务、安全设备类系统的集成,安全数据接口,安全体系架构等方面的迭代关系,这些复杂关联关系与安全态势感知相辅相成,共同构成了网络安全的整体功能;最后,从安全管理的角度考虑以及从网络安全合规性要求分析,针对网络安全的风险评估、安全审计、安全态势感知系统的需求,需要形成一个共同的衡量标准和面向决策的安全性指标体系。

网络信息安全发展态势感知能力要求能够通过收集尽可能多的数据,充分开发利用大数据分析、机器学习等先进技术,提前发现企业被攻击的大量未知威胁。但是,这样的目标往往在用户现实生产环境中需要通过较长时间的部署和反复实践的过程,并不容易一蹴而就。一方面,各类海量的原始数据在网络物理环境中如何传输和存储,对现有网络结构和性能的影响,这些因素都需要重新评估;另一方面,网络安全态势感知系统的用户主体包括各级各类网络信息安全管理和技术人员,需要将这一批人员有机整合起来以提升整体安全能力,解决现实中的安全应用场景问题,并不是一味地追求“大而全”。

9.2.2 基础能力不足

1)基础安全信息管理不足

网络安全态势管理的出发点在于网络安全基础设施安全信息的建立和维护。由于数据量大、关联复杂、变化频繁,基础安全信息往往存在信息不足、有效性差等问题。这在云计算技术的快速发展中尤为突出。由于云平台的良好可扩展性,基础资源往往处于快速变化的过程中,给基础信息管理带来了巨大的挑战。

首先是资产管理,IT 资产与业务信息、人员信息解耦。在处理网络安全事件时,不能确定目标 IP 的实际使用和服务状态,不能清楚地了解目标 IP 在系统体系结构和技术栈中的作用。其次是信息资产信息不够深入和完善。威胁的范围和风险程度不能在安全预警的背景下判断。例如,某个基本组件出现了新的漏洞,无法掌握该组件在各种信息系统中的应用,从而影响了后续保护、监控等一系列行为,或者某个商业域名不在安全管理的范围内,给攻击者提供了机会。

2)安全能力覆盖不足

在安全预算不足的情况下,网络安全管理小组一般会选择投入回报率更高的信息化建设,而不是网络安全建设。从实际情况来看,往往是一边被攻击、一边增补对应的边界安全设备。由于企业内部业务信息数据的交叉保护以及所涉及的资源需求量逐步上升,导致内部资产安全保护实施就更加困难，被选择性地忽略。随着时间的推移，造成了安全建设“头重脚轻”的局面。根据实际的攻击和防御的情况，斥巨资打造的网络安全“马奇诺防线”很可能被黑客轻松绕过。一旦攻击者获得对打破网络安全控制界限的初步许可，内部安全真空很容易导致网络空间的整体能力的下降。

业务规模影响较大的数据或信息中心，往往需要具有多条网络边界、多个安全域以及体量巨大的服务器主机和业务应用系统，无论对于网络环境还是主机服务环境，网络安全的覆盖率如果不能做到100%，就容易成为攻击者的突破口，也给溯源管理工作环境带来一定的困难。

3）单点安全能力不足

单点安全性功能会存在误报、漏报问题。由于攻击者具有天然的技术优势（零日漏洞的存在）以及攻击突发性特征，网络安全基础设施如果无法实现全局监视或保护，都将导致由于百密一疏而引发的安全问题，进而造成对各类业务系统集成潜在的网络威胁。即使攻击者的网络攻击行为暂时受阻，经过一段时间的研究后，也可能利用单点安全漏洞绕过所有保护攻击服务器。因此，所有预先设计和规划好的安全规则，由于或多或少存在缺陷或安全规则，或者与业务系统无法兼容等原因，都会导致无法有效报警。而真正有效的预警，却经常被淹没在大量真假难辨的预警信息中，消耗了大量的人工成本和时间成本。

9.2.3　态势感知系统建设难度大

1）技术路线难以统一

安全运营基于企业内各种安全设备/系统的安全能力，网络安全态势感知系统需要联动企业内部各安全设备/系统并实现安全业务交互。但是当前阶段，由于企业的部分安全设备/系统建设存在建设年代久远，难以适应新技术的发展，又或者企业采购的安全设备/系统的生产厂商众多，技术标准不一致，导致态势平台与各安全系统兼容性较差。在交通运输行业态势感知平台的建设中，很多用户都遇到了接口难统一、部分安全厂商的商业原因无法提供接口、有些私有化接口难以调通的诸多问题。

2）定制化要求较高

与具体的安全管理技术不同，网络信息安全态势感知系统的正常运行和当前社会整体网络环境和业务系统架构紧密结合相关，安全运营过程中产生的持续定制化要求导致较高的投入，触发定制化的主要原因有两个：首先，不同的网络环境和业务系统架构，其安全风险和面临的威胁不同，需要设计定制化的安全场景就不一样；其次，根据网络安全能力建设的实际情况不断发生变化，用于网络安全态势感知和控制风险的网络安全技术也存在一定差异。调查显示高达70%的行业企事业单位仍然依赖传统的安全信息和事件管理系统来进行网络安全分析和运营管理，即类似于SIEM或SOC的解决方案，为了应对新的网络安全局势，很多企业还围绕SIEM或SOC增加了用于威胁检测/响应、调查/查询、威胁情报分析以及流程自动化/编排等其他工具。而这产生了新的问题：因为交通运输行业的特殊性，行业企业很难在个性化的建设符合自身网络安全分析和运营管理的同时，严格遵循交通运输部下发的统一数据规范、安全系统接入标准，最终达到网络安全数据互通、行业威胁情报共享之间的平衡。

9.2.4 技术团队人才不足

网络安全的实质是人才之间的竞争,建设网络强国,加强网络治理,人才是核心。从大环境来看,近年来,各行各业网络安全的人才缺口较大是一个普遍性的问题。有关研究显示,网络安全技能短缺已经影响了行业企事业单位的网络安全分析和运营管理能力的持续提升。交通运输行业很多企事业单位已经通过购买网络安全服务、第三方安全服务外包的方式来缓解自身网络安全分析和运营管理技能差距。网络安全人员更注重网络技术本身而忽视了业务自身的安全性;实践表明,熟悉业务的专业技术人员才能更好地预测风险、评估风险。网络安全人才的培养和“预防流失”已成为行业各单位的核心问题之一。

交通运输行业的网络安全工作主体还是需要不断地加强企事业单位自身人员的能力,态势感知平台属于技术性较强的专业平台,需要不间断地值班值守、分析研判,更需要培养自身的管理和运营人员。

9.3 网络安全态势感知建设建议

交通运输网络和信息安全是国家网络安全的重要组成部分。为保障和促进交通运输现代化、信息化工作的深入推进,应尽快构建适应现代交通运输业发展的网络安全态势感知平台。交通运输行业网络安全态势感知平台的建设是一个复杂和长期的过程,本书提供以下建议,希望能够对行业企事业单位开展网络安全态势感知平台建设提供参考。

9.3.1 建立主动防御思维

网络信息安全的本质是攻防技术的对抗。随着我国国内各类攻击手段的升级,传统的静态防御思想已不能适应社会形势的变化和网络技术发展的需要,要建立主动防御和对抗的思维,并在交通运输企业行业领域内落实。网络安全态势感知平台建设过程中,需要充分考虑如何针对交通运输行业内的安全事件进行根本原因挖掘,必须能够在安全事件处置完成之后,进行处置经验的总结和相关知识的沉淀。通过态势感知平台建设,可以实时掌握全行业的底数和动态重要信息数据,包括信息系统系统结构、数量、业务范围、业务类型、实时可视性等方面,便于及时了解运行维护单位网络安全状况、受保护的记录水平等级的基本情况。建立主动防御和被动的网络安全监控联合网络安全态势感知系统,及时获得威胁情报,将网络空间安全和风险信息相结合,不断提高网络安全预警通信子系统、网络安全事件的预警和应急处置以及信息安全攻防实验室建设,进而增强交通运输行业实现网络安全的专业技能和网络攻防实践经验,主动减少或阻断攻击者使用相同网络攻击技术手段的网络安全风险。

9.3.2 做好技术协同工作

行业领域内的公路、水运、铁路、民航、邮政等相关企事业可以根据自身的实际情况和网络安全业务需求,大多建立了各自独立领域内的态势感知平台,首先要从相关企业和组织内部微观层面完整获取网络安全数据要素;其次,要结合大数据的情报,并根据来自内外部的网络安全数据开展分析工作,及时发现异常与威胁,加强安全态势感知能力,实现对网络安全状态的监测。通过加强态势感知平台规划,特别是通过网络安全态势感知先进的技术手段,以及结合外部不同网络安全设备和网络安全策略间的协作与信息互通、威胁情况资源共享，提升行业领域重要信息系统网络安全问题的发现、分析、预警、处置能力，形成反映行业领域网络安全总体态势的全局性视图及预警机制。

9.3.3　建立技术标准规范

为了进一步促进各级、各部门的态势感知平台建设，需要明确全行业内部平台建设的相关技术规范和配套的运营管理制度，特别是规划设计、建设阶段的总体设计应规划好平台具备的基础性能力，包括预警研判、信息通报、等主要功能，特别是信息资源共享等工作方面应与行业现行政策与标准相适应。对平台的数据采集、数据处理、数据存储等基础功能以及性能、接口等方面的基本要求，行业要尽快建立标准规范。在统一标准规范的基础上，加强行业态势感知平台的规划设计的指导工作，包括数据标准、接口规范、威胁情报共享、应急响应和监督检查等方面的能力，联防联治推进形成交通运输行业网络安全防御体系的合力。

通过不断加强交通运输行业网络信息安全态势感知标准体系建设、研究和应用，遵循国家网络系统安全技术标准体系，结合交通运输行业特点，形成适应行业组织管理架构和智慧交通发展能力要求的行业网络安全态势感知风险管理科学技术指标和安全服务标准体系，如图9-1所示。这可以帮助各领域态势感知平台在技术上便捷地通过部级态势感知平台的数据总线标准接口对接到部级态势感知平台上，真正实现全行业、全天候、全方位的网络安全态势感知，形成全面、统一、高效的网络安全风险报告机制、情报共享机制、应急处置机制。这对准确把握行业网络安全动态、对今后更加精准地开展网络安全工作具有重大意义，最后通过试点示范逐步在全行业推广应用。

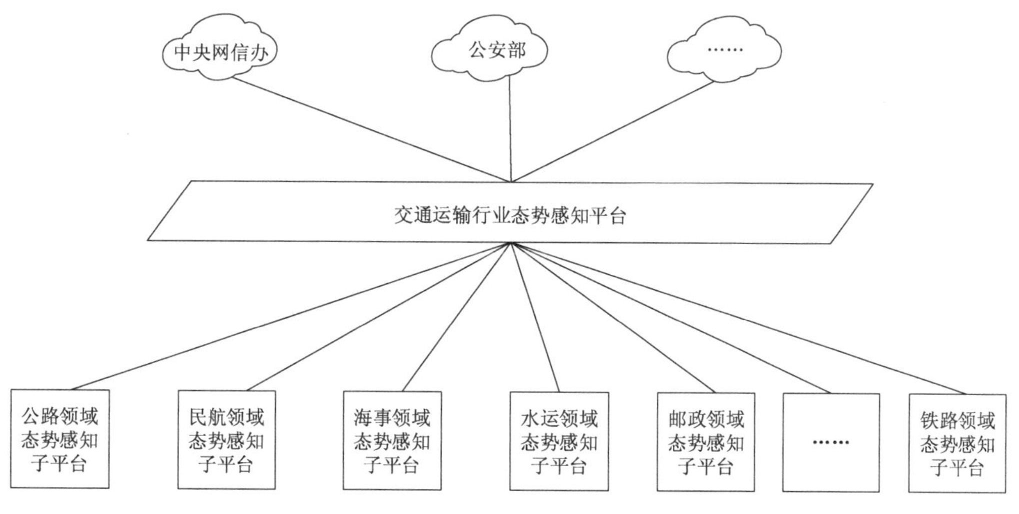

图9-1　交通运输行业态势感知体系建设的规划

9.3.4　加强专业人员队伍建设

网络安全是技术更新迭代最快的行业之一，网络安全从业人员需要不断更新知识储备，学习掌握新的技能，跟进前沿信息安全态势。态势感知平台建设完成后，需要运行维护和分析研判人员的监测值守，在特殊时间还需要7×24h不间断监测，人员的保障和能力在态势感知的运营中尤为重要，也是感知平台能否最大程度发挥作用的重要因素。要积极营造吸引人才和留住人才的良好环境，让技术人员感到自己还有发展的机会，构建体现人才价值的动态薪酬制度，让从事网络安全技术的工作能够得到及时准确的评估认可、使之有成就感和满足感，降低专业技术人员的流动率。同时，积极利用社会力量、网络安全服务机构，推动建立技术支持团队和专家团队、应急处置团队。

9.4 态势感知平台技术发展方向

交通运输行业的态势感知平台有其自身的特殊性，结合网络安全技术发展将继续朝向安全平台化、技术体系化、智能化、运维服务化、环境融合化、应用场景化等方向发展，具体如下。

1）安全平台化

安全的复杂性会驱动态势感知体系，不仅要支持更多的网络安全产品，还要尽量兼容某些细分技术上最优秀的安全产品。因此，未来行业态势感知技术的一个发展方向就是平台化，特别是针对全业务系统的网络安全态势感知平台。从网络安全产品和网络系统建设角度分析，此类态势感知平台产品本身可以不具备主动输出网络安全的能力，但是需要提供对接各类优秀网络安全产品的安全集成能力，从而较好地兼容整体网络安全体系，发挥各类网络安全产品优势，形成安全管理合力。

2）技术体系化

未来会有越来越多安全能力和新兴安全技术纳入整个态势感知的体系中来，形成功能的多样化和完整性。体系化则是指在核心功能和核心理念标准化的基础上，根据不同的业务环境和组织需求形成有效的安全框架。在框架之上，进一步部署其他安全产品，从而回归到产品。遵循“从产品到体系，再从体系到产品”的商业应用发展规律。

3）智能化

态势感知是个增量市场，因此，人工智能与安全人才的增加并非相互抑制，而是相互促进发展的。安全运营人才的缺乏会促进智能化安全运营的需求，而随着安全运营人才数量的增长，能为智能安全运营提供更多的学习样本和更精确的模型。当下的态势感知主要依赖于人类智能，未来则会形成人工智能和人类智能并重的智能化体系。

4）运维服务化

鉴于安全人才短缺的状况很可能长期存在，由第三方提供态势感知运营服务可以解决因为人员不足带来的安全能力问题和成本问题。第三方服务包括现场与远程两种，远程服务模式在云数据中心逐渐普及和疫情等特殊时期，将会得到越来越多用户的认可。

5）环境融合化

态势感知的检测范围大多覆盖全数字空间资产。数据上，不仅局限于安全数据，还可以包括流量的走势、业务数据的流动趋势、相关设备的性能情况等。随着信息技术、物联网和运营技术的融合趋势，最终会形成一个综合计算、网络和物理环境等多维的复杂系统，未来态势感知平台发挥的作用会越来越大，并逐渐与业务系统相融合。

6）应用场景化

态势感知一方面会逐渐覆盖行业的各个领域，另一方面会在应用场景层面更加细化，针对不同的应用领域场景，在核心的功能和核心理念之上，根据应用的场景化逐渐衍化出适用于各类网络安全态势感知，如车路协同态势感知、智慧公路态势感知、威胁情报的态势感知、大数据态势感知等。

9.5 网络安全人才培养与建设思路

信息安全管理是一项综合性极强的工作，既包括信息科技治理架构、信息科技合规建设、信息安全管理体系等安全管理类工作，还包括安全运营、安全攻防对抗、安全态势感知等技术性工作。随着信息安全技术发展日新月异，各种攻击手段层出不穷，而且由于交通行业面临的攻击具有影响广、危害大等特点，交通行业信息安全管理的要求日趋精细，对信息安全团队的基础能力、学习能力、创新能力都提出了巨大的挑战。信息安全工作的完成是虚有其表，还是卓有成效，最核心的决定因素在于是否建立起一支懂管理、精技术、基本功扎实、战斗力强劲的信息安全团队。大力加强信息安全团队建设，培养信息安全专业人才，在交通运输行业信息安全防控工作中具有举足轻重的作用。

近年来，交通运输行业大力推动建立适应行业网络安全需求的人才机制，建立专业化人才队伍；大力普及网络安全基础知识和基本技能，开展网络安全知识经常性教育和技能培训；组织网络安全知识考试、技能竞赛等活动，凝聚安全共识，增强安全意识，规范安全行为，建立行业安全文化氛围。同时，还加强与网络安全管理有关部门的合作，建立高效协同、互通共享的工作机制，进一步发挥行业专业网络安全机构和人才队伍作用。充分利用市场化服务资源，鼓励采用购买网络安全运维服务、网络安全技术合作等方式开展网络安全建设，提升网络安全专业化能力。开展网络安全工作交流研讨活动，掌握发展动态，交流经验和做法，通过监管部门和企事业组织等共同参与网络安全工作，共筑交通行业网络安全防线。

由于国内互联网环境的不断演化和智慧交通快速发展需要，行业内的网络安全需求也伴随着实际需求而不断变化，对有效性提出了更高的要求，同时也在不断向安全攻防、安全运营的方向过渡。总体来说，交通运输行业整体网络安全环境的变化趋势主要包括以下三点：首先，在安全监管方面，将逐渐以技术核查和等保合规方式为主，提升技术核查比重，以技术核查促进等保合规落地，行业各单位逐步重视攻防演练和针对向互联网开放的重要系统进行远程渗透，这将是未来行业网络安全工作的“新常态”；其次，在行业企事业单位网络建设工作保障和运行维护过程中，需要扩大网络安全检测范围，需要有真正的具备安全攻防实战经验的人员协同处理；同时，越来越重视安全运营人员的主观分析能力，这将有助于第一时间处理和解决突发的网络安全事件；再次，越来越多的行业企业开始真正重视内部网络安全团队建设，网络安全人员的增长速度比许多单位其他方面 IT 技术人员增长的速度更快，受到重视的程度也越来越高。

总体而言，行业网络安全人才培养与团队建设工作的开展仍面临诸多困难，在参考通用网络安全人才知识图谱的前提下，行业企事业单位进行网络安全团队建设，尤其是配套态势感知平台开展安全运营工作的网络安全分析团队建设，仍需结合自身特点，提升自身安全人才的能力和素质。

9.5.1 网络安全团队建设

信息安全工作涉及面广、重要性高，对团队的能力建设也提出了更高的要求，必须通过专业分工、有效协同，使得每个成员各司其职，让个人在职责范围内最大化地使用自身的知识和技能，同时形成团队成员之间优势互补，促进团队的整体效率和效能最大化。

信息安全团队包含网络安全管理和技术两大基本团队，具体职能要求如下：

管理团队主要通过落实管理手段防范安全风险，其核心职责是通过制定和优化安全管理策略、制度和流程，确保安全工作有章可循；通过对监管要求、管理制度执行情况的监督检查，确保安全工作有章必循。同时，管理团队常常需要负责信息安全整体规划设计和计划管理，通过明确信息安全工作的长期和短期目标，摸查现状和目标的差距，制定具体实施路径，制定年度信息安全工作计划并组织分解任务，确保计划达成。此外，全员信息安全意识教育和培训的组织也是管理团队重要的工作职能。

技术团队主要通过落实技术手段来提升组织信息安全防护能力，其核心职责是在组织IT环境外围建立“篱笆”，参照组织安全技术架构设计运用专门的安全技术防护工具，开展日常安全运维和事件应急响应，保护组织内的信息系统及系统中的数据免遭破坏或泄露。同时，制定和落实安全技术规范，协同开发人员落实安全开发生命周期，提高系统自身的健壮性，减少在线系统的漏洞风险。

从团队建设角度，可以从以下几个角度完善和推进：

1）加强与高校合作

通过加大与科研院所的合作力度，探索科研机构与企业紧密结合的方式方法，是加强网络人才培养的基本途径。一方面，高校已经有意识地根据社会、行业、企业的现实需要，拟定人才培养计划，更有针对性地培养企业需要的网络安全应用型人才；另一方面，可以依托高校的师资力量和硬件设施，鼓励员工自愿发起或有计划的安排员工到高校进行再培训，以适应交通运输行业不断进步的网络安全技术需要，满足不断发展的岗位工作要求。

2）加大企事业单位内部人才培训力度

需要根据组织内员工的不同层次和岗位的性质，有计划地进行培训，并将培训分为不同层次。具体来说，可以按职位顺序安排专业培训课程，特别是要重视新员工的培训，制订新员工的培训计划，使培训周期与培训资源相匹配，以适应交通运输行业网络安全业务发展的需要。同时，为了拓宽网络安全技术人员的培训渠道，还需要充分利用网络安全供应商的资源，积极寻求他们的支持，加大对网络安全技术人员技术交流和培训的投入。

3）提供更好的发展平台

为了更有效地保留网络安全人才，需要在行业企事业单位内部提供更好的发展平台，以完善岗位任职体系为基础，加强人才培养机制建设，包括以下三点。首先，建立能力评价体系和任职资格体系，有效激励员工在交通运输行业网络安全领域开展继续学习。其次，建立健全竞争上岗、优胜劣汰的晋升发展机制，强调“能者多酬”，提高网络人才薪酬待遇，完善各种福利制度。最后，还要加大继续教育的力度，进一步提高培训员工的数量、频次，加强交通运输行业业务与网络安全相结合培训课程的探索，鼓励从单位组织内部加强网络安全业务培训师资队伍建设，促进员工自觉自发地提高网络安全技术水平。

4）培养责任意识

网络安全团队是时刻与风险抗争的一线团队，如果不能牢固树立责任意识，轻则遗漏一两条重要告警，重则造成严重的经济财产损失和无法挽回的社会影响。责任意识需要从两方面培养：一方面，引导团队树立正确的世界观和社会服务观念，将个人职业发展与企业发展、行业发展、国家发展相融合，建立正确的集体意识和团队精神。另一方面，做好自己的本职工作，每个人的尽责是对集体的尽责，每个集体的尽责是对行业的尽责，在全行业共同营造这样一种风气和氛围："负责任光荣，不负责任可耻"。具备了责任意识，就会"凡事有交代，件件有着落，事事有回应"，对于网络安全任务会尽心尽责地完成，对于自己的日常工作也会不放过任何一个蛛丝马迹，用责任和使命时刻鞭策着自己不断前行。

5）营造学习氛围

网络安全团队技术能力提升，要通过营造团队内的学习气氛带动团队进行持续性的学习。首先，建立需要掌握的知识矩阵，然后结合自身的情况对照知识图谱发现自身的短板，并逐项学习弥补。可以采用内部心得体会分享和参加外部培训的方式，或者让在具备专长的人员进行一对一帮带模式，让团队整体水平提升。网络安全团队必须使用高效的学习方法不停迭代更新自己的知识库，保持对前沿技术的敏感度和快速的学习能力，这样才能做到对风险的有效控制和提高对攻击的发现能力。

9.5.2　网络安全人才建设

网络安全人才是网络安全建设的核心资源，网络安全人才队伍建设情况直接影响到企业网络安全保障能力的强弱。为提高企业的网络安全实战能力，建设具有攻防实战技能的网络安全人才队伍，相关企业应注重强化网络安全教育培训工作，充分发挥网络安全教育培训的重大作用。面向企业网络安全负责人、安全管理人员及相关人员开展网络安全教育培训，让企业员工深入了解国家网络安全面临的严峻形势，并通过剖析国内外网络安全事件，提升公司员工网络安全意识，普及网络安全基础知识和基本技能，切实提升网络安全教育培训质量。在培训模式方面，不断探索新思路、新方法，积极探索培训内容的时效性、针对性和可操作性，补齐企业网络安全教育培训短板，实现网络安全培训规范化和常态化发展。此外，要严格落实网络安全教育培训管理，将企业网络安全教育培训纳入企业网络安全从业人员的日常考评中。

不管技术如何发展和演变，网络安全归根结底是以"人"为核心，网络安全领域的对抗本质上是人与人之间的对抗。企业所要做的是从被动防御向主动防御进行转变，不仅要提高自身的安全防护能力，更要强化自身安全事件的监测发现能力和应急处置能力。交通运输行业态势感知平台的建设部署是进行主动防御的先决条件，它可以产生的大量的数据，包括告警、日志、流量等，这些数据每天可能以GB级进行增长，然而数据只是数据而已，不管前期投入多少，如果脱离了专业的网络安全分析团队，态势感知平台也只会变成只能产生海量安全日志和告警的"机器"。

安全分析团队需要一位合格的负责人，需要在业务或者技术上具备令人信服的安全技能，在遇到安全事件时，负责人同时还要具备良好的决策能力、突发事件解决能力、沟通能力以及技术能力；同时，还需要积极进取、努力奋进、不畏艰险，以身作则，带领团队共同进步，让团队成员认可团队工作的价值，有认同感，能够激发每个员工的最大潜力和主观能动性；能够通过量化措施，让团队价值得到体现，设置合适的绩效考核模式，比如对于总结发现新型攻击特征的人员或者对于发现入侵行为并及时阻止的人员给予调高绩效，提升团队主动发现风险的能力。网络安全分析师通过寻找并分析潜在的安全风险，不断监测有异常活动的系统。在发生网络攻击和安全事件时，他们会通过分析研判、调查取证、追根溯源，帮助客户分析当前的安全状况和面临的安全风险，并提出合适的安全解决方案。一名网络安全分析师一般要求有学士学位，计算机科学、计算机工程或信息技术相关专业毕业，同时需要一定年限的网络安全工作经验。在网络技术专业知识图谱中，网络安全知识和设备维护能力、流量日志审计分析能力和安全攻防实战能力是网络安全分析师需要掌握的最为关键的知识和能力。

网络安全分析师需要了解网络层和应用层的主流传输协议，如 TCP/IP、HTTP/HTTPS 等。可以熟练地通过态势感知平台开展流量分析，进行网络故障和攻击行为的诊断分析。了解主流安全设备和网络设备，如防火墙、WAF、入侵防御、交换机、路由器等的配置维护，可以通过态势感知平台开展安全设备日志关联分析。为了开发定制的检测和分析解决方案，最好还能具备一门开发语言的编程能力，可以是解释性语言（Python/Perl），也可以是网络编程语言（PHP/Java）。

网络安全以"人"为核心，网络安全领域的对抗本质上是人与人之间的对抗，而网络终端、网络设备、介质以及各种工具和平台仅仅是作为辅助手段而存在。因此如何使网络安全人员合理地利用手中的各种工具和策略来提高网络安全对抗水平，是培养高素质地网络安全和信息化人才队伍亟须解决的问题。在网络攻击领域，需要了解攻击者的攻击模式和思路，包括清楚理解攻击者的三个阶段：情报收集、据点建立、横向移动；需要了解攻击者针对目标系统、人员、软件、硬件和设备进行的多角度、混合的攻击战术和手段，具体技术包括端口扫描、漏洞扫描、系统弱点探测、口令爆破、Fuzz 测试、钓鱼邮件、木马上传等。如果以上这些攻击套路和手段在大脑中有了清晰的呈现，那么当攻击发生时就能快速地识别攻击行为，进而发现系统、技术、人员和基础架构中存在的网络安全隐患或薄弱环节，开展进一步的安全防护工作。在防守领域，第一，需要具备分析与研判能力，能够根据态势感知平台产生的告警进行分析，判断告警是否为误报、判断攻击是否奏效、判断是否损害了其他资产、判断攻击者的其他活动、确定如何应对这种攻击。第二，需要漏洞检测能力，及时跟进外部披露的各类漏洞信息、病毒风险、威胁情报等，并了解其基本原理和检测方法。第三，需要追踪溯源能力，根据安全事件对相关设备（如路由器、交换机、防火墙、WAF、应用服务器、数据库服务器、日志服务器等）进行取证，找到事件发生的源头，让安全隐患从根源上得到根除。具体技能包括内存和硬盘取证、流量分析、数据恢复等。第四，需要恶意软件分析能力，分析过程中经常会存在已知或可疑恶意软件样本的收集，普通的分析师可以利用沙箱做失陷指标提取，但如果遇到有针对性的恶意软件，则需要在静态和动态分析上有一定的造诣。

综上，只有从网络安全团队和网络安全人才两个方面同时发力，才能为态势感知平台的正常运行提供组织人才支撑，最大化发挥态势感知平台的价值。

参考文献

[1] 陈兴蜀,何涛,曾雪梅,等.基于告警属性聚类的攻击场景关联规则挖掘方法研究[J].工程科学与技术,2019,51(3):144-150.

[2] 戴明,等.交通运输网络安全保障[M].北京:人民交通出版社股份有限公司,2019.

[3] Alexander Kott,Cliff Wang,Robert F. et al. 网络空间安全防御与态势感知[M].黄晟,安天研究院,译.北京:机械工业出版社,2019.

[4] 戴明,樊娜,王青龙,等.车联网环境下数据安全信任模型研究[J].计算机工程与设计,2014,35(12):4149-4152.

[5] Xiangmo Z,Dai Ming R S,Luyao L,et al. Risk assessment model of information security for transportation industry system based on risk matrix[J].2014.

[6] 李璐瑶,戴明,王青龙.可证明安全 k-out-of-n 不经意传输方案的安全分析与改进[J].计算机应用,2014,34(5):1296-1299.

[7] 孙彦名,等.交通运输发展规划理论与实践[M].北京:电子工业出版社,2019.

[8] 杜嘉薇,周颖,郭荣华,等.网络安全态势感知提取、理解和预测[M].北京:机械工业出版社,2018.

[9] B. S. Dhillon.交通运输系统的可靠性与安全性[M].丁川,鲁光泉,王云鹏,译.北京:机械工业出版社,2018.

[10] 吴一敏.网络强国主引擎:网络人才先行[M].北京:知识产权出版社,2018.

[11] 李涛.网络安全中的数据挖掘技术[M].北京:清华大学出版社,2017.

[12] 李鹏飞,美国网络安全态势感知能力建设阶段介绍[2019-4-12].https://zhuanlan.zhihu.com/p/28348658.

[13] 李鹏飞,我国态势感知发展:等保2.0与网络安全态势感知[2020-8-5].https://zhuanlan.zhihu.com/p/168351367.

[14] 惠志斌,覃庆玲,张衡,等.中科网络空间安全发展报告(2018)[M].北京:社会科学文献出版社,2018.

[15] 万明.交通运输概论[M].北京:人民交通出版社股份有限公司,2015.

[16] 国家计算机网络应急技术处理协调中心.2018年我国互联网网络安全态势综述[R].北京,2019.

[17] 陆军.网络安全态势感知技术[M].北京:中国铁道出版社,2019.

[18] 中国信息通信研究院.中国网络安全产业白皮书(2019年)[R].北京,2019.

[19] 中国信息通信研究院.中国网络安全产业分析报告(2019年)[R].北京,2019.

[20] 全国信息安全标准化技术委员会,信息安全评估标准工作组.网络安全态势感知标准化白皮书(2019年)[R].北京,2019.

[21] Willett, Keith D, Gardner, Robert K. Risk Analysis and Assessments: Focus on Intelligent, Coordinated, Non-State Adversary[M]. Computer Science Corporation, 2004.

[22] 陈兴蜀,江天宇,曾雪梅,等.基于多维时间序列分析的网络异常检测[J].2017.

[23] 陈兴蜀,吴小松,王文贤,等.基于特征关联度的 K-means 初始聚类中心优化算法[J].四川大学学报(工程科学版),2015,47(1):13-19.

[24] Völter M, Stahl T, Bettin J, et al. Model-driven software development: technology, engineering, management[M]. John Wiley & Sons, 2013.

[25] McNamee D. Risk-based auditing[J]. Internal Auditor, 1997, 54(4):22-27.

[26] 吴亚非,李新友,禄凯.信息安全风险评估[M].北京:清华大学出版社,2007.

[27] JohnPescatore, MarkNicolett. Delivering Situational Awareness[R]. Stamford: Gartner, 2018.

[28] 侯云龙.态势感知上升到战略高度[N].经济参考报.2017/4/20.

[29] Dai M, Du J, Qian S. Research on the overall technical framework of the ship networking system in the Yangtze River Delta[J]. DEStech Transactions on Computer Science and Engineering, 2017(itme).

[30] 蔡晶晶,李炜.网络空间安全导论[M].北京:机械工业出版社,2017.

[31] 周卫国.云计算平台全周期安全风险评估系统[J].电子技术与软件工程,2019(19):187-188.

[32] 于良.世界主要国家和地区网络空间竞争的主要举措与政策建议[J].全球科技经济瞭望,2018,33(Z1):30-34.

[33] 王政坤.中国网络安全管理体制回顾与展望[J].网络空间安全,2018,9(12):41-45.

[34] 冉博文.计算机网络安全与对策[J].数字化用户,2018.

[35] 陈丽琼.基于网络安全维护的计算机网络安全技术应用[J].中国新通信,2018,20(19):172.

[36] 王忠亮.大数据时代的网络安全[J].现代农业研究,2018,(12):98-114.

[37] 张栖榆.安防大数据系统网络安全态势与应对之道[J].大数据环境下安防系统安全等级保护研讨会论文集,2018:35-39.

[38] 国家市场监督管理总局,国家标准化管理委员会.信息安全技术—网络安全监测基本要求与实施指南:GB/T 36635—2018[S].北京:中国标准出版社,2018.

[39] 冯建华.网络信息安全的辩证观[J].现代传播,2018,40(10):151-154.

[40] 综合规划司.交通运输部关于推进交通运输行业网络安全工作的指导意见[EB/OL].https://www.mot.gov.cn/zhuanti/liuwenliubao/zhengcewj/202008/t20200806_3448021.html,2020-08-06.

[41] 国家市场监督管理总局,国家标准化管理委员会.信息安全技术 网络安全等级保护测评机构能力要求和评估规范:GB/T 36959—2018[S].北京:中国标准出版社,2018.

[42] 国家市场监督管理总局,国家标准化管理委员会.信息安全技术 网络安全威胁信息格式规范:GB/T 36643—2018[S].北京:中国标准出版社,2018.

[43] 国家市场监督管理总局,国家标准化管理委员会.信息安全技术 信息系统安全运维管理指南:GB/T 36626—2018[S].北京:中国标准出版社,2018.

[44] 左晓栋.美国网络安全战略与政策二十年[M].北京:电子工业出版社,2017.

[45] 方滨兴.论网络空间主权[M].北京:科学出版社,2017.

[46] 张焱,冯翠平.基于态势感知理念的交通运输行业网络安全体系构建探析[J].中国水运,2017,(6):26-27.

[47] 刘尚东,龚俭,杨望.态势感知技术在网络安全中的应用[EB/OL].http://www.edu.cn/xxh/ji_shu_ju_le_bu/wlaq/201312/t20131217_1053273.shtml.2013-12-17.

[48] 中华人民共和国国家质量监督检验疫总局,中国国家标准化管理委员会.信息技术 安全技术 信息安全控制实践指南:GB/T 22081—2016[S].北京:中国标准出版社,2017.

[49] 周凤珍,彭勇主.网络安全管理人员胜任力模型研究[M].成都:四川大学出版社.2016.

[50] Ahmad K Shuja. Service Management:Implementation and Operation[M]. Taylor&Francis,2016.

[51] 李璐瑶,王静,戴明,等.基于超图染色的网络编码重传方案研究[J].计算机应用与软件,2015,32(08):106-109.

[52] Dai M,Fan N,Duan Z T,et al. A Trusted Model in the Internet of Water Transport[C]//Advanced Materials Research. Trans Tech Publications Ltd,2013,816:479-483.

[53] 周文,陈倩.美国大力推进网络安全态势感知能力建设[J].信息安全与通信保密,2014,(7):48-51.

[54] 日本计划建立防御系统安全中心[J].信息安全与通信保密,2012,(4):85-85.

[55] 张显龙.全球视野下的中国信息安全战略[M].北京:清华大学出版社,2013.

[56] 戴明,雷旭.物联网技术在交通运输领域应用战略的思考[J].交通信息与安全,2012,30(4):142-144.

[57] 樊娜,赵祥模,戴明,等.短时交通流预测模型[J].交通运输工程学报,2012,12(4):114-119.

[58] 戴明,钟南.我国内河"船联网"通信及网络融合技术分析与思考[J].交通建设与管理,2012,(007):96-97.

[59] 戴明.交通运输行业信息安全等级保护工作现状分析研究[J].交通通信信息,2012.

[60] 中国交通通信信息中心.异构条件下交通运输行业可信安全环境和安全检测关键技术研究[J],2013.